Vida Com Deus

Um Inesperado Encontro com Deus e a Vida Sobrenatural Que se Seguiu

Jordan Chanin

Tradução em Português por Laisa Laureiro

Design capa © 2022 Jadon Dick

Formatação e layout por Jadon Dick

Publicado por:

www.SchleitheimPress.com

Schleitheim Press é uma marca de

Okanagan Publishing Inc
1024 Lone Pine Court
Kelowna, BC V1P 1M7
www.okanaganpublishinghouse.ca

As citações bíblicas são do Almeida Atualizado, que é de domínio público.

Printed in the United States of America

Library and Archives Canada Cataloguing in Publication

1st Edition, September 2022

10 9 8 7 6 5 4 3 2 1

ISBN: 978-1-990389-21-4

Um dos princípios centrais da Schleitheim Press é que nosso trabalho afete - causando um impacto tangível no leitor e na comunidade em geral. Uma maneira de fazer isso é realizar uma parceria com alguma instituição de caridade da comunidade a cada lançamento e doar uma parte dos lucros do título para essa organização. A pedido do autor Jordan Chanin, fizemos uma parceria com a Ratanak International, que irá receber esses lucros.

Ratanak International é uma organização cristã que trabalha de forma colaborativa para ser uma catalisadora de transformação no Camboja. Seu foco está em capacitar as pessoas que sofrem exploração e enfrentar os sistemas que as exploram. Ratanak consegue isso de quatro maneiras; equipando os cambojanos para evitar a exploração, trabalhando em colaboração para proteger os vulneráveis, ajudando os traficados a voltar para casa e perseverando no amor para restaurar os sobreviventes.

Para saber mais e doar acesse: www.Ratanak.org

Dedicatória Do Autor:

Para minha família biológica e minha família na fé. Seu investimento em minha vida me ajudou a me tornar quem sou hoje.

CONTEÚDO

Prólogo:

Por Que Escrever Este Livro?

Ei, meu nome é Jordan e eu sou amado por Deus. Essa é uma maneira estranha de me apresentar, certo? Eu concordo, é que, apenas, esse simples fato é a parte mais importante da minha vida e de quem eu sou, então eu decidi começar por aí.

Nas próximas páginas você vai encontrar mais sobre mim: meu passado, minhas experiências, e minhas convicções. Algumas vezes você vai descobrir mais do que você gostaria e ficará pensando: Muita informação! Em qualquer caso, estou honrado que você vai usar o seu tempo para ler esse livro. Eu espero que no final dele você veja que essa história não é uma história apenas sobre mim, mas sim a história da minha vida com Deus. ELE é o herói dessa história, ELE é a razão pela qual eu escrevo.

Enquanto reflito sobre os eventos da minha vida, e o quão profundamente Deus esteve envolvido, sou cheio de alegria e gratidão. Eu já contei a minha história para mim mesmo e para outras pessoas incontáveis vezes e isso teve um profundo impacto na vida daqueles que ouviram. As narrativas das nossas vidas têm um potencial de causar mudanças na vida dos outros muito maior do que imaginamos, e esse é o meu desejo, que a história que vou compartilhar afete você de maneira positiva.

O poder e a importância da história

Seres humanos são máquinas de contar histórias, e quer estejamos ou não conscientes disso, nós estamos sempre contando uma história para nós mesmos. Quando crianças, as histórias que contávamos normalmente estavam em nossas imaginações; visualizávamos idéias, palavras e personagens em nossas mentes, permitindo que nossa imaginação voasse e nos enchesse com a sensação de fascinação. Como adultos, não podemos compartilhar a mesma inclinação para histórias fictícias que tínhamos quando crianças. No entanto, nossa imaginação não é menos ativa, contamos histórias para nós mesmos todos os dias. Considere quando você vai para a cama todas as noites. Quão constantemente você pensa sobre como seu futuro será, reflete sobre os eventos do dia, ou relembra experiências do passado? Você reflete sobre uma conversa encorajadora, ou alguém que te interessou, ou ainda sobre algum comentário realizado por um amigo, colega de trabalho ou familiar?

Seja o que for, você reviveu momentos da sua vida e narrou internamente uma história para dar sentido à essa experiência. É incrível como nossas imaginações podem ilustrar as nossas experiências. Estamos sempre nos contando histórias e refletindo sobre as nossas vidas – quem nós somos, para onde estamos indo, quem queremos nos tornar. Muitas vezes não percebemos que a maior parte, senão todas, dos nossos desejos e pensamentos são resultados das histórias que contamos para nós mesmos. Quando encontramos uma história atraente ansiamos por fazer parte dela e vivê-la. Você já escolheu um determinado estilo de moda, corte de cabelo, ou maneira de falar baseado em um filme ou personagem de TV que você admira? Eu já fiz isso, e o motivo foi o meu desejo de me encontrar na história daquele personagem, vivendo e impressionando os outros da mesma maneira que aquele personagem me impressionou. A história deles era tão atraente que me despertou o desejo de fazer parte dela, e eu imaginei que talvez a história deles pudesse se tornar a minha se eu me esforçasse o suficiente.

Talvez a opinião dos seus pais, ou professores tenha escrito a história que você está vivendo, talvez as convicções e estilo de vida dos seus amigos mais próximos informem a história com a qual você se identifica. Ou, quem sabe, as mídias sociais ou influencers tenham influenciado a sua vida. Existe uma quantidade quase infinita de histórias que achamos atraentes ou que nos causam uma lavagem cerebral e que são responsáveis por definir quem somos e para onde estamos indo.

Se você acredita que não tem valor, ou que ninguém se importa com você, então você irá filtrar cada interação com outras pessoas através dessas lentes, contando para si mesmo histórias negativas, quando as pessoas disserem que te amam, você não irá acreditar nelas, quando elas disserem algo ruim sobre você, você estará esperando isso, e isso reafirmará aquilo que você acredita sobre si mesmo. Se você acredita que é alguém bonito, profundamente amado, então você não será desencorajado quando as pessoas falarem mal de você e você receberá elogios de forma graciosa e buscará elogiar também. Você filtrará suas experiências através de lentes que mostram que você é importante e que as pessoas se importam com você. As histórias que você conta a si mesmo estão repletas dessas crenças e fazem com que você tenha segurança em sua identidade.

Então te pergunto: em que história você se encontra?

As histórias são muito mais profundas e importantes do que percebemos. À medida que vivemos e formamos uma imagem sobre nós mesmos e nossa visão de mundo, precisamos nos perguntar quais histórias estamos acreditando para que possamos ter certeza de que estamos vivendo a história certa.

Nossas vidas são compostas por um bilhão de histórias diferentes, e podemos avaliar cada experiência de um milhão de perspectivas distintas, contando a nós mesmos várias histórias para tentar entender experiências singulares. Embora possa parecer muito esmagador às vezes, não precisamos nos preocupar, existe apenas uma história importante no nosso mundo na qual todos nós precisamos nos concentrar, e ela vem sendo escrita desde o início dos tempos. Esta é a história que Deus, o Criador do universo, está escrevendo. Sua história começa dando vida a todas as coisas, e então, criando a humanidade. A história então, inclui a humanidade se rebelando contra Ele, e Deus trabalhando através de diversos meios ao longo da história para restaurar a humanidade de volta a Si mesmo, à medida que você lê e aprende sobre a história de Deus que se encontra na Bíblia, você começa a perceber que essa é uma história que impacta cada ser humano que já existiu e é uma história que todos nós somos convidados, ou melhor ainda, encorajados a fazer parte.

Este livro que você está prestes a ler é um relato da minha história. Como um contador de histórias, dou sentido ao meu passado, ao meu presente e a trajetória do meu futuro, contando essa história à luz da grande história de Deus, à qual Ele me tornou parte, e que tem lentamente, mas seguramente, transformado tudo em minha vida desde o dia em que O conheci. A melhor coisa que me aconteceu foi ter me tornado parte da história que Deus está escrevendo... Desde que percebi isso, quando experimento qualquer coisa na vida, sou capaz de contar para mim mesmo a história certa. Sou capaz de ver a história de forma saudável, de acordo com o amor e a verdade de Deus em minha vida.

A história que você conta a si mesmo alterará drasticamente sua direção na vida. A narrativa que você crê vai influenciar você em níveis mais profundos do que é capaz de perceber. As idéias que as sociedades acreditam controlam o desenvolvimento da cultura. A história que estou prestes a compartilhar com você talvez pareça louca. Enquanto você lê, haverá partes nas quais você se sentirá animado, talvez até inspirado. Você também pode achar alguma das minhas experiências difíceis de acreditar. Acredite em mim, eu também me sinto assim. É muito louco para mim pensar no passado e lembrar da jornada que fiz pela vida. Enquanto escrevo isso, sendo um cara normal de quase trinta anos, morando em Vancouver – Columbia Britânica. De qualquer maneira, desde que encontrei a Deus, a vida está longe de ser normal. Se você tivesse me perguntando quando adolescente se eu me imaginaria onde estou hoje, provavelmente teria rido de você. Para começar, pensei que teria muito mais dinheiro e que seria muito mais legal. No entanto, também nunca pensei que estaria tão contente quanto estou com minha vida hoje. Quer dizer, eu tenho um relacionamento com o Deus que criou o universo. Ele é claramente ativo e envolvido em minha vida, me levando a ter experiências das quais nunca teria sonhado antes de conhecê-Lo. Quão maravilhoso é isso? Eu realmente não posso pedir muito mais da vida. E são exatamente essas experiências incríveis – e às vezes chocantes – que estou animado para compartilhar com você através desse livro.

A motivação

Então, por que eu escrevi esse livro? Minha motivação para escrever surgiu a partir de quatro experiências.

1. Um ano antes de eu começar a escrever, estava conversando com meu melhor amigo e a sua

esposa e do nada ela falou: "Jordan, você já pensou em escrever um livro?" Fiquei surpreso por essa pergunta estranha, respondi que "não" e não pensei sobre isso.

2. Três meses antes de começar esse livro, eu estava conversando com meus pais sobre vida e espiritualidade e meu pai falou: "Jordan, você já pensou em escrever um livro?" Eu fiquei ainda mais surpreso porque meu pai nunca fala coisas como essa, respondi que "não". Achei que não faria isso até eu ter idade e experiência suficiente para ter algo que valesse a pena compartilhar.

3. Um mês antes de eu começar esse livro eu tinha acabado de escrever um sermão que preguei na minha igreja e enviei para um dos nossos outros pastores, chamado Rob. Ele entrou no meu escritório e disse que realmente gostou do sermão. Então falou: "Hey, você já pensou em escrever um livro?" Agora eu senti que algo poderia estar acontecendo, porém continuava pensando que não tinha algo significativo para escrever até aquele momento.

4. Um mês depois do Rob fazer esse comentário, o lugar em que moro entrou novamente com medidas de restrições sociais já que o número de casos de COVID-19 começou a aumentar na região. Assim que ouvi sobre isso, eu orei e falei: "Deus, o que você está me convidando para fazer com todo esse inesperado tempo livre?" O

primeiro pensamento que veio na minha mente foi: "Escreva um livro" Então comecei a orar mais sobre isso e pedir um direcionamento para Deus. Depois de uma semana de oração, eu continuava incerto sobre o que fazer. Então, do nada, uma jovem missionária brasileira me enviou uma mensagem no Instagram. Ela disse: "Posso te fazer uma pergunta estranha?" Eu respondi que "Claro!" Ela perguntou, "Você gosta de escrever?" Assumo que eu achei que ela estava querendo que eu escrevesse um blog ou algo para a sua organização missionária, então eu disse "Sim, eu gosto de escrever, por quê? Então ela disse: "Eu senti Deus me dizer que eu deveria compartilhar com você que você precisa começar a escrever."

Ok Deus. Eu entendi de forma clara.

Esse foi o pontapé inicial para eu começar a escrever esse livro. A única coisa que pensei ser relevante escrever, como um jovem com pouca experiência ou conhecimento em qualquer coisa, foi o meu testemunho. É uma história que está em constante evolução. Eu já tive o privilégio de compartilhar ele em diversos contextos para muitas pessoas, e sempre acreditei que os ouvintes foram encorajados por ele. Não apenas isso, mas eu mesmo amo lembrar as maravilhas que Deus já fez na minha vida. Espero que esse livro seja mutualmente benéfico!

Os desejos por trás disso

Meu desejo ao escrever esse livro é encorajar, desafiar e inspirar qualquer pessoa que reserve um tempo para viajar comigo através dos principais eventos da minha vida.

Para encorajá-lo: que existe um Deus que te ama, que quer passar tempo com você, que está intimamente envolvido em sua vida – quer você o conheça e veja ou não.

Para desafiá-lo: se você acredita no Deus que eu conheço, o Único e verdadeiro Deus, mas nunca experimentou nenhum encontro sobrenatural com Ele, você deveria começar a procurá-Lo mais intencionalmente. Que você possa fazer mais mudanças em sua vida para abrir mais espaço para Ele. Se você não acredita nEle ou O conhece, minha esperança é que você considere que talvez exista um Deus, e que vale a pena conhecê-Lo.

Para inspirá-lo: Ao ler minha história, espero que você veja que Deus também quer fazer coisas incríveis e sobrenaturais em sua vida. Como você faz isso acontecer? Você não faz. Tudo que você pode fazer é entregar sua vida a Deus, desistir de seu falso senso de controle e permitir que Ele o guie. É isso!

Eu sinceramente espero e oro para que a história da minha vida evoque um senso de admiração em você. Que você possa se perguntar se poderia ter encontros transformadores com Deus. Tenho a firme convicção de que você pode. As experiências da minha vida e as grandes coisas que Deus fez por mim e através de mim não são porque sou superior ou mais valioso do que qualquer pessoa neste mundo, muito pelo contrário, sou a pessoa menos merecedora do imenso favor, compaixão e cuidado que Deus me demonstrou. Não faz sentido que Ele tenha sido tão bom para mim, além do fato de que Ele é um Deus realmente bom. Ele ama a todos, apesar do quão desprezível podemos ser às vezes.

Então aproveite. Foi muito divertido colocar os eventos da minha vida no papel e espero que enquanto você viaja por essas histórias comigo, possa ter uma experiência vivificante. Que o deixará revigorado, com uma sensação infantil de admiração, ao ler algumas das grandes coisas que Deus fez em minha vida. E que você possa se perguntar: *O que Ele pode fazer na minha vida?*

Capítulo 1:

Como Eu Cheguei Aqui?

Lembro disso claramente. Eu tinha 16 anos e estava sentado no porão iluminado do meu amigo Dimly enrolando um baseado. Depois de ter enrolado esse baseado, eu o quebrei e enrolei um novo, quebrei esse novo e enrolei outro e outro. Naquele momento, o medo estava passando por todo o meu corpo. Tinha um cara estranho em pé na porta da frente, do lado de fora da casa do meu amigo e ele estava segurando uma faca. Ele queria arrombar a casa e me esfaquear. Naquele estágio da minha vida, enrolar baseados era terapêutico para mim, além de ser a única coisa que estava me distraindo um pouco do fato de que a qualquer momento eu poderia ser esfaqueado por um estranho.

Eu nunca tive nenhum inimigo. Durante o meu tempo de escola, eu era o tipo de cara que tentava ser legal com todo mundo e que era amigo de diversos círculos e grupos de pessoas. Eu nunca lutei com alguém antes, pelo menos nada além de luta livre e boxe por diversão, mas agora tinha um cara que acabei de conhecer e que estava comprometido em enfiar uma faca dentro de mim e que não planejava sair dali até aquilo acontecer. Se você me dissesse que eu iria me encontrar em uma situação como essa em algum ponto prévio da minha vida, eu não teria acreditado. Eu nunca me vi como o tipo de cara que faria algo para terminar em um lugar como aquele. Naquele momento, o único pensamento que estava correndo em minha mente era:" Como eu cheguei aqui?"

Avançando dois anos. Uma noite quando eu tinha 18 anos, estava chegando em casa de uma festa. Eu tinha saído com um grupo de amigos após o trabalho e nós decidimos usar ecstasy juntos e ter uma improvisada noite selvagem. Essa era uma parte da minha vida que eu tentava esconder de muitas pessoas. Eu escondi isso dos meus pais - especialmente porque o meu pai era um policial. Eu também estava tentando esconder isso da garota que eu namorava naquela época e dos meus outros amigos que não gostariam de me ver usando drogas. Eu tentei justificar para mim mesmo que não era grande coisa utilizar drogas em algumas festas. No máximo eu só usava drogas como essa algumas vezes ao ano, então não era o fim do mundo se eu aproveitasse isso secretamente com meus amigos. Estava tudo bem, desde que eu mantivesse isso escondido das pessoas presentes em minha vida que fariam um estardalhaço a respeito, certo?

Naquela noite, eu voltei para a casa dos meus pais por volta da meia noite, continuava chapado, porém perto do final daquela viagem. Eu esperava que todos estivessem dormindo. De qualquer maneira, quando eu apareci na porta da frente e vi o brilho da TV ligada através de uma pequena janela na porta, eu sabia que meus pais continuavam acordados. A idéia do meu pai me pegar alto em ecstasy era assustadora, então eu imediatamente deixei a minha casa e andei até o final da rua para passar o tempo, esperando que eles fossem logo para cama. Eles nunca ficavam acordados até tarde.

Eu voltei para casa cerca de 15 minutos depois, vi que a TV não estava mais ligada e decidi que eles já deveriam ter ido para cama. Então, destranquei a porta e entrei na minha casa totalmente escurecida, me sentindo confiante de que tinha escapado dos meus pais. "Wooh" eu disse quando quase esbarrei na figura coberta pelas sombras que estava em pé em nosso saguão, era minha mãe, ela tinha acabado de desligar todas as luzes e estava finalmente subindo.

Eu não acredito que já estive tão surpreso e assustado em toda minha vida. Eu nunca poderia deixar meus pais saberem que eu estava usando drogas. Eu olhei para ela desconfortavelmente e perguntei por que ela estava acordada até tarde, esperando que ela não notasse que as minhas pupilas estavam do tamanho de pratos de jantar. Então eu percebi que lágrimas escorriam por seus olhos e ela apenas se inclinou para mim e me abraçou apertado. Eu estava tão confuso. Um minuto eu estava completamente assustado com a possibilidade da minha mãe descobrir sobre o uso de drogas, e no outro eu estava a consolando do que imagino ter sido o estado mais triste que já a vi. O que tinha acabado de acontecer?

Então ela disse: "Eu estou tão assustada por conta da cirurgia que o Chris irá fazer amanhã que não consegui dormir. Eu não quero perder o meu filho." Ela continuou, chorando nos meus ombros.

O meu coração se partiu. Eu esqueci completamente que meu irmão iria realizar uma segunda cirurgia de peito aberto na manhã seguinte. Uma cirurgia que facilmente poderia terminar com ele morto, considerando que ele quase não sobreviveu a primeira operação realizada alguns anos antes. E ali estava eu, na noite antes dessa cirurgia potencialmente fatal, tão preso em meu próprio mundo que passei a noite fora usando drogas com meus amigos e não estava presente para apoiar a minha família.

Eu estava sobrecarregado com o sentimento de culpa, e continuava me recuperando do choque de ver minha mãe em um estado como aquele. Eu realmente devo ter sido o mais egocêntrico, egoísta, pior filho e irmão no mundo. A seriedade do momento foi tão grande que parei de sentir os efeitos do ecstasy até minha mãe finalmente ir para cama. Tudo que eu pude pensar no restante daquela noite foi: "Como eu cheguei aqui?"

Capítulo 2:

Início Suave

Voltar um pouco na minha história pode ajudar a trazer um pouco de contexto sobre a minha vida e onde tudo isso começou.

Eu tive uma infância fantástica. Eu nasci em uma família com dois pais que me amavam profundamente. Meu pai era um policial, e minha mãe dona de casa. Eu era o mais novo de três irmãos. Meu irmão mais velho, Chris, é dois anos e um dia mais velho que eu. Eu sempre ressenti o fato de que ele abria os seus presentes um dia antes do meu aniversario, e pensava que seria justo se abríssemos no mesmo dia já que fazíamos aniversário tão próximos e eu era muito impaciente. Teve um ano no qual eu fui tão implacável quanto a isso que meus pais finalmente cederam - eu consegui me apropriar do dia especial do meu irmão. Um pouco do privilégio de ser o filho mais novo? Eu espero que ele tenha me perdoado. Minha irmã mais velha, Courtney, é três anos e meio mais velha que eu, e eu estou confiante de que era seu irmão favorito enquanto crescíamos. Sempre que eu e meu irmão brigávamos, ela quase sempre ficava do meu lado já que ele era mais velho que eu, mesmo que eu tivesse iniciado a briga. Claramente fizemos com que meu irmão não tivesse uma infância fácil.

Eu cresci em uma casa religiosa, com meus pais nos levando a igreja todas as semanas. Eles estavam bastante envolvidos com a liderança da igreja por grande parte da minha infância. Em um dia em particular, quando eu tinha três anos de idade, eu cheguei na minha mãe e falei: "Mãe, eu quero convidar Jesus para o meu coração" Ela ficou surpresa e muito feliz com isso, pois não era um dia particularmente especial ou mesmo um dia de igreja. Aparentemente, eu estava apenas ponderando sobre minha necessidade de conhecer Jesus aos três anos de idade, e senti que minha mãe era a pessoa certa para conversar sobre isso.

As coisas pareciam acontecer de forma suave durante toda a minha infância. Meus pais criaram eu e meus irmãos para fazer o nosso melhor na vida, e tentar se sobressair em coisas como esporte e escola. Eu levei isso bem a sério. Na 1ª serie, eu me encontrei cada vez mais entediado com a escola, até o ponto em que eu não queria mais ir. Meus pais conversaram com minha professora, a senhora Graham, sobre isso. Ela sugeriu que eu estava com o desenvolvimento avançado para a minha idade e recomendou que eles me colocassem em um programa chamado "Dotado e talentoso" que procura descobrir se alguma criança em particular tem um dom acadêmico único para sua idade. Eu entrei nesse programa e as pessoas que lideravam recomendaram que eu fosse adiantado para continuar estimulado. Meus pais decidiram que isso não seria um problema para o meu desenvolvimento social, então eu fui da 1ª para a 2ª serie no meio daquele ano.

Eu continue a experimentar uma facilidade nos estudos e era um aluno destaque mesmo tendo pulado uma série. Eu também era muito motivado e dedicado aos esportes. Desde novo eu jogava em equipes de futebol, baseball e basquete, além de realizar outros esportes.

As coisas que eu era encorajado a fazer, fazia bem feito e estavam sendo fáceis para mim. Eu lembro de estar andando para casa junto com o meu pai quando era pequeno, depois da escola na 1ª serie, me divertindo enquanto memorizava diversas tabelas, a raiz quadrada e cúbica de vários números e aprendendo como soletrar palavras difíceis para que eu pudesse estar a frente em meus estudos (Que tipo de criança se diverte com isso?). Então eu iria praticar todos os esportes que eu jogava, para que eu pudesse eventualmente entrar em times avançados quando eu ficasse mais velho. Ser avançado em todas essas áreas me deixava muito feliz.

Eu tive bons amigos durante a minha infância, me relacionando bem com crianças não importando se eles eram populares ou não. Eu era próximo das crianças da minha vizinhança, tinha amigos da minha classe e dos times em que eu jogava, e normalmente saia com o grupo popular da minha escola. Nunca me faltaram oportunidades sociais ou o suporte de minha família e amigos.

Você pode estar pensando nesse ponto: "Uau, uma família que ensina bons princípios morais e que apóia o sucesso acadêmico e atlético ao longo da sua infância, e bons amigos de todas as esferas da vida. Esse garoto tinha tudo o que precisava para ir longe na vida". E você estaria certo. Infelizmente, as coisas não foram assim.

O problema com esse resumo é o seguinte: é apenas um simples resumo. Eu tive mais privilégios e habilidades do que eu poderia lidar, mas isso não era o suficiente. Eu não estava feliz sendo um bom estudante, bom atleta, boa criança, ou bom amigo. Eu queria mais.

O que eu quero dizer quando digo que queria mais?

Eu queria mais popularidade, respeito, oportunidades, poder ou algo mais que me satisfizesse naquele momento.

Era algo muito humano da minha parte buscar por essas coisas, e parte do meu problema era que eu tive tanto favor em várias áreas da minha vida e eu esperava ter cada vez mais. Meu privilégio se transformara em direito. Eu estava me tornando um jovem muito orgulhoso e egocêntrico. Eu estava cada vez mais focado em minhas próprias necessidades e desejos, e menos sobre as necessidades dos outros. Eu finalmente comecei a manipular pessoas, de maneiras pequenas, para tentar conseguir o que queria.

Se você tivesse me conhecido quando criança, talvez esse não seria o seu primeiro pensamento. Eu era muito empático em relação as outras pessoas. Eu era rápido em servir e compartilhar aquilo que as pessoas precisassem. Me importava em não ferir ninguém e nem ser ferido. Eu era sensível e continuo sendo até hoje.

Eu me lembro de momentos na minha infância, talvez com quatro ou cinco anos, nos quais eu e minha mãe estaríamos andando juntos, e eu veria alguém sozinho, com a aparência solitária. Alguém que seria considerado indesejável de acordo com os valores da nossa cultura - por exemplo, algum obeso mórbido ou alguém preso em uma cadeira de rodas. Eu me sentiria profundamente triste por aquela pessoa estar naquela circunstância. Eu não sabia lidar com esses sentimentos durante a infância, então tentei explicá-los para minha mãe. Ela me ajudou a nomear eles, chamando-os de "sentimentos do Jordan". Toda vez que eu via alguém não vivendo uma vida boa ou sendo amado da forma que eu acreditava que aquela pessoa merecia, eu dizia a minha mãe: "Acabei de ter outro sentimento do Jordan". Eu ainda tenho muitos sentimentos do Jordan até hoje.

Então eu era uma criança má ou boa? As coisas não são tão claras quando tentamos fazê-las. Somos profundamente complexos com muito mais sentimentos, motivações, pensamentos e desejos do que possamos imaginar, até mesmo quando crianças. Nossas vidas são uma jornada sem fim sobre a descoberta de quem somos. Precisamos estar conscientes de que todos temos poderosos e bonitos dons para compartilhar com o mundo. Ao mesmo tempo, temos problemas profundos que nos machucam e também machucam as pessoas ao nosso redor. Problemas nos quais trabalharemos através das nossas existências.

Eu queria poder dizer que os valores morais que meus pais me passaram, o amor e suporte que eles me deram, as atividades construtivas e amizades saudáveis que eu tive me mantiveram em uma boa direção na minha vida, mas essa não é a minha história. As coisas começaram a tomar um rumo sombrio por volta dos meus 10 anos de idade.

Capítulo 3:

Caminho Sombrio

Enquanto começo a compartilhar sobre esse próximo estágio da minha vida, acredito ser necessário fazer uma ressalva. Eu não culpo os meus pais por qualquer má decisão que eu tomei, ou acredito que eles são a razão de eu ter tomado decisões destrutivas durante a minha pré-adolescência e adolescência. Foi tudo minha culpa. Tendo dito isso, minha família parou de ir à igreja e de realizar atividades religiosas quando eu tinha uns 10 anos, e Deus deixou de ser o meu foco ou preocupação por volta dessa idade.

Quando meus pais deixaram de nos levar na igreja e terem pessoas da igreja em nossa casa eu estava muito animado. Isso significava mais tempo com meus amigos e para os esportes durante os finais de semana. Quando o meu foco foi retirado da fé e aprendizado sobre Deus, minha vida tornou-se focada na busca pela popularidade, passei a experimentar coisas consideradas "ruins" por conta das convicções religiosas da minha família, e a explorar o que o mundo tinha para me oferecer.

Eu lembrava claramente das promessas que fiz para mim mesmo quando era criança, dizendo que nunca ficaria bêbado, fumaria, usaria drogas, faria sexo antes do casamento ou trataria alguém mal - dentre outras promessas que círculos conservadores e religiosos encorajam crianças a fazer – eventualmente, *alerta de spoiler* eu quebrei cada uma dessas promessas.

Isso não aconteceu da noite para o dia, foi uma longa e lenta jornada para longe dos valores que eu tinha me comprometido quando criança. Eu tomei uma decisão após a outra que pareciam cruzar os limites dos meus valores. Eu sabia que isso estava errado, mas não sentia que era T O errado assim. Mesmo assim, comecei a percorrer o caminho da vida sem Deus.

As minhas saídas começaram a aumentar e meu círculo de amigos cresceu. Eu comecei a ser exposto a coisas que nunca tinha visto como uma criança de 10 anos. Especificamente, me lembro de estar na casa do meu amigo Jacob. Ele vivia com a sua avó, que não prestava muita atenção no que ele fazia. Ele aprendeu a procurar por pornografia na internet e me mostrou a sua descoberta: fotos e vídeos de mulheres peladas. O meu cérebro não sabia como lidar com isso sendo um menino de 10 anos, e depois daquela noite eu passei a ver as garotas de uma maneira muito diferente - mas não de um jeito bom.

Á medida que o tempo passava, mais tempo fazia desde a época na qual minha família ia para a igreja e falava sobre coisas religiosas e, conseqüentemente, minha jornada pelo caminho da vida sem Deus se tornou um pouco mais selvagem.

Quando eu tinha por volta de 12 anos, fui convidado para uma festa, com outras crianças mais velhas, que envolvia bebidas alcoólicas. Eu estava muito animado por ser um garoto da 8ª serie convidado para uma festa com meninos do ensino médio. De alguma forma eu consegui uma garrafa de vodka. Eu pensei que deveria beber tudo para ter certeza de que ficaria bêbado e poder provar quão descolado eu era. Vamos apenas dizer que eu não tive o resultado que queria! Eu terminei a noite cedo, com a visão triplicada e uma ambulância sendo chamada para retirar o que estava em meu estomago e tentar impedir uma intoxicação por álcool. Não foi um ótimo começo em festas.

Você deve estar pensando que eu deveria ter aprendido uma lição sobre o abuso de substâncias após essa experiência, mas eu definitivamente não aprendi. Não muito tempo depois, eu estava reunido com alguns amigos e decidimos tentar fumar maconha com alguns outros amigos. Na época essa droga era ilegal em meu país e enquanto fumávamos vimos um carro de polícia no estacionamento da escola. Fugimos assustados com a possibilidade de eles nos verem. Nos escondemos sob um conjunto de escadas fora da escola e esperamos. Quando não ouvimos nenhum barulho, assumimos que eles saíram e que era seguro caminhar de volta para casa do meu amigo através de um parque escuro por trás da escola. Enquanto andávamos pelo parque, vimos duas grandes figuras sombrias se aproximando. Eu estava com medo porque pensei que estávamos prestes a ser espancados por algumas crianças mais velhas.

Na luz fraca vinda de uma lâmpada de uma rua distante, vi uma faixa amarela para baixo de uma das pernas de uma das figuras. Era a polícia.

Os dois policiais pararam na nossa frente e iluminaram os nossos rostos com uma lanterna.

"James, o que você está fazendo aqui?" Claramente, o policial reconheceu meu amigo. "Craig, que merda você está fazendo aqui?" De alguma forma, ele sabia o nome do meu outro amigo. Então a luz brilhou no meu rosto: "Jordan, o que você está fazendo aqui?" Uh oh, o policial conhecia todos nós.

O outro policial virou a lanterna e o que vi me fez congelar com medo. Um dos policiais foi o nosso treinador de futebol, e era pai de um dos meninos da equipe de basquete no qual eu era uma das estrelas. "Vocês estão usando drogas?" Ele perguntou. "Sim senhor." Respondemos. Não poderíamos esconder esse fato, meu amigo ainda tinha o cachimbo e maconha em suas mãos. "Vocês estão em um sério problema." Ele disse enquanto nos acompanhava em direção ao seu carro e nos levava de volta a casa do meu amigo.

O policial estava certo. Eu estava em um sério problema. Quando o meu pai descobriu, nós fomos dar uma volta de carro e eu pensei que ele fosse me matar.

Meu pai não é emocionalmente volátil, ele nunca gritou ou ficou excessivamente chateado com as coisas. Ele era mais do tipo quieto e inabalável enquanto estava chateado. No entanto, você sabia que ele estava irritado porque ele tinha esse olhar em seus olhos que queimava um buraco em sua alma e a sua voz era forte e severa.

Meu pobre pai era um policial bem conceituado em um dos maiores destacamentos da lei no Canadá, e seu filho mais novo tinha acabado de ficar terrivelmente bêbado e sido escoltado pela policia de volta para casa depois de ser pego usando drogas ilegais antes dos 13 anos. Isso deve ter sido bastante difícil para ele processar. Vamos apenas dizer que fiquei de castigo por um longo tempo.

Apesar do medo induzido e de quão infelizes foram essas experiências, elas fizeram pouco para me mudar. Eu apenas vi isso como pequenos problemas na minha jornada de busca por todas as coisas excitantes e prazerosas que o mundo tinha para me oferecer. Ao invés disso me distanciar das festas, drogas e de uma vida dupla, eu apenas aprendi a esconder melhor isso. O espaço entre quem eu era na escola, nos times esportivos e em frente da minha família e pais dos meus amigos, e quem eu era com meus amigos e nas festas, estava se tornando cada vez maior.

Eu era um bom estudante, um atleta magnífico, e uma pessoa muito respeitosa e sincera com meus professores, treinadores e pais. De qualquer forma, eu estava realizando diversas coisas fora desses círculos que estavam me empurrando em uma direção muito destrutiva.

Quandoeuchegueinoensinomédio,eueventualmente entrei em um modo de vida que acabaria sendo a causa de muita mágoa e dor na minha própria vida, e na vida de muitos outros: eu comecei a ficar com muitas garotas. E entenda que a minha definição de "ficar" mudou ao longo dos anos. Minha definição para isso, e para o propósito dessa história, foi de beijos ao sexo.

Eu entrei no jogo dos relacionamentos relativamente tarde, considerando os outros garotos do ensino médio. Eu não beijei nenhuma garota até o 1º ano do ensino médio. A razão para isso era que eu queria dar o primeiro beijo em uma garota realmente especial, algo que meus pais me ensinaram quando criança.

Isso tudo mudou no 1º ano do ensino médio. Eu me apaixonei por essa garota chamada Leigh, e comecei a procurar conhecê-la melhor. Nós estávamos flertando e as coisas pareciam estar caminhando bem, então eu finalmente a chamei para sair, e ela disse não. Fiquei chocado. "Por que não?" perguntei? "Porque você é um mulherengo!" Ela disse, com todas suas amigas ao redor dando risinhos. Eu estava tão confuso. "Como eu posso ser um mulherengo se eu nunca beijei uma garota?" Eu pensei. Eu não queria que ninguém soubesse que eu não tinha beijado ainda, até porque eu era um dos caras populares. As pessoas acreditavam que eu tinha estado com muitas garotas.

Algo mudou em mim naquele dia. Eu estava me mantendo puro e guardando o meu primeiro beijo para alguém realmente importante para mim por todos aqueles anos. Apesar de todo esse esforço, eu estava sendo conhecido como um "mulherengo" pela garota que eu esperava dar o meu primeiro beijo. "É isso" Eu pensei" Se eu já estou sendo conhecido como um pegador, eu deveria começar a viver um pouco. Meu primeiro beijo não será especial de qualquer maneira, já que todas as garotas pensam isso sobre mim."

Algumas semanas depois eu terminei encontrando aquela garota no baile da escola. Apesar de ela ter acabado de me rejeitar, terminei convidando-a para dançar e comecei a beijá-la enquanto balançávamos. Esse foi o meu primeiro beijo. Mais por despeito do que por romance. Não me entenda errado, eu estava muito animado naquele momento. Estávamos empolgados e os amigos dela estavam vibrando enquanto nos assistiam, mas eu nunca pedi para sair com ela novamente.

Para mim, eu terminei aquele momento como uma experiência de uma única vez. Ela simplesmente se tornou uma de várias garotas que eu terminaria usando por um momento momentâneo de prazer. Eu tinha a reputação de pegador, mesmo que não tivesse feito nada para merecer isso. Então isso passou a ser uma identidade para mim e uma história que passei a viver porque em minha mente, eu não tinha nada mais a perder.

É incrível o poder que as palavras têm sobre nós. Seja cuidadoso com o que você fala sobre as pessoas. Você não sabe qual história você pode acabar escrevendo para elas.

Com o passar dos anos, as quantidades de festas que eu freqüentava e o número de garotas com quem eu ficava continuava aumentando. Beber nas festas durante os fins de semana e fumar maconha durante a semana se tornou algo normal. Entretanto, por mais prazerosas que essas coisas fossem no momento, eu sempre me sentia vazio quando o efeito passava. Eu acordava depois de cada festa e a caçada recomeçava, o próximo momento para ficar chapado novamente, a próxima garota, a próxima experiência prazerosa para preencher o meu vazio.

Eu ainda estava procurando aquele "mais" que eu buscava desde a infância. Só que ao invés de conquistas acadêmicas e atléticas, mudei meu foco para me tornar mais popular e poderoso, alimentando a minha diversão com drogas, álcool e ficando com um número cada vez maior de garotas porque isso aumentava a minha moral com os meus amigos.

Essas coisas podem parecer normais, talvez até inofensivo, mas elas são muito mais destrutivas do que imaginamos. Eu na verdade não percebi a extensão dos danos que eu causei a mim mesmo e aos outros até alguns anos depois.

Cada garota que eu ficava estava procurando por um cara para validá-la. Um cara que a faria se sentir bonita e desejada, um cara que deveria prestar atenção nela e passar os sentimentos de segurança e estabilidade. Eu diria aquilo que elas queriam ouvir e iria usá-las para o meu próprio prazer – às vezes nem falando com elas novamente. Eu não poderia contar o número de lágrimas que já chorei por todas as garotas que machuquei com meu passado egoísta.

Eu também provoquei dano a mim mesmo. Eu passei a enxergar as mulheres apenas por quão atrativas elas eram, decidia se eu queria ficar com elas ou não, e então começava o jogo de como eu terminaria ficando com elas. Isso foi prejudicial para minha identidade e experiência de vida. Eu não era capaz de ver as pessoas simplesmente por quem elas eram. Eu me despojei da capacidade de ver a beleza e o valor intrínseco de cada ser humano, e os talentos incríveis e histórias complexas que cada pessoa possui. Eu me transformei em uma casca superficial, alguém que reduzia outros seres humanos a objetos sexuais.

Durante grande parte do ensino médio, ir para festas, transar e usar drogas pareciam funcionar para mim. Meu respeito e reputação estavam crescendo, e eu e meus amigos sempre tínhamos algo divertido para fazer, eu estava vivendo a vida fácil e parecia nunca ter problemas por conta disso. De qualquer maneira, eventualmente toda essa diversão e jogos me pegaram, e minha vida de festas começou a me colocar em problemas.

Capítulo 4:

Do Prazer A Dor

Eu me lembro de uma noite ter ido para uma festa com pessoas de outra escola. Eu conheci uma garota chamada Ashley. Eu a vi no momento em que pisei na festa. Ela era linda, e eu tornei a minha missão conhecer ela. Começamos a conversar, nos demos bem, e eu terminei aquela noite na casa dela. Tudo estava indo bem até que descobri que o ex-namorado dela estava naquela festa, ele me viu levando-a para casa e não ficou nada feliz com isso.

Ashley e eu começamos a nos ver depois disso e no fim de semana seguinte eu a levei para uma festa na casa do meu amigo Anthony. Enquanto eu estava lá, um cara estranho veio para perto de mim e falou "Hey, me pagaram 50 dólares para chegar aqui e bater em você. Então se você não me der dinheiro agora, eu vou derrubá-lo." Esse cara era mais baixo e magro do que eu, e eu não fazia a menor idéia de quem ele era, então acabei não o levando a sério. Virei para ele e disse de forma provocativa "Claro, você aceita cartão de débito?"

"Hahahah, muito engraçado" ele replicou. "Eu vou voltar mais tarde e é melhor você ter o meu dinheiro."

Foi um momento estranho, mas não levei muito a sério, e continuei com a noite. Tudo parecia ir bem depois daquilo, até o momento em que Ashley terminou estranhamente brigando com esse cara. Aparentemente eles se conheciam. Ela jogou sua bebida no rosto dele e socou ele na cara alguma vezes por conta de algumas coisas que ele estava dizendo para ela. Como resultado, meu amigo mandou todo mundo para casa. Eu estava em choque porque nunca tinha estado com uma garota tão violenta. Através de toda essa loucura e luta, eu não fazia a menor idéia de onde ela estava! Eu apenas fiquei parado no gramado do meu amigo e esperei que ela saísse.

Eu não percebi que estava a cerca de três metros de distância do cara que queria me bater. Ele estava me encarando com um olhar louco em seus olhos, e alguns dos seus amigos estavam o segurando, dizendo para ele não fazer nada comigo.

De repente eu ouvi meu amigo gritando "JORDAN! VENHA LOGO PARA DENTRO OU VOCÊ VAI ACABAR SE MACHUCANDO!" Eu estava tão desorientado, que eu apenas ouvi o meu amigo, corri para dentro de casa e desci para o porão. Outro amigo meu chegou e disse "Fique aqui embaixo. O cara que quer te bater tem uma faca e ele disse que vai invadir e te esfaquear. Você precisa se esconder."

Meu coração congelou. Eu não sabia o que fazer. Em um momento eu estava curtindo a festa com alguns dos meus amigos mais próximos e com a garota que tinha conhecido e no momento seguinte minha vida estava em perigo. Eu nunca tinha experimentado algo próximo a isso antes.

Eu me sentei lá sem nada para me distrair, no porão mal iluminado do meu amigo, e quase todos foram expulsos da festa. Eu estava apenas sentado lá, com outro amigo tomando conta da entrada do porão para me avisar se o cara conseguisse entrar e descesse para me encontrar. Comecei a me perguntar se conseguiria terminar aquela noite sem ser mandado para o hospital. Eu olhei para a mesinha de centro do meu amigo e vi um saco de maconha e um maço de papel de tabaco. Então eu os peguei e comecei a enrolar um baseado para me acalmar.

Então eu quebrei aquele baseado.

E enrolei outro.

Quebrei esse outro

E enrolei outro novamente.

Eu ouvi alguém começar a descer as escadas ruidosamente. "Então é isso," eu pensei, "Ele finalmente conseguiu entrar e vai vir me esfaquear." Eu me preparei para lutar. De repente, um cara que eu conhecia, que era amigo do homem que queria me esfaquear, apareceu. Ele também tinha um olhar louco nos olhos, o mesmo olhar que ele tinha quando lutou com um dos meus amigos, alguns meses antes. Assumi que ele tinha invadido a casa e que iria me bater no lugar do outro cara. "Jordan, é melhor você correr para os fundos da casa agora mesmo!" ele falou, "RJ entrou e ele está vindo te esfaquear." Eu me levantei em um salto e sai correndo para os fundos da casa. Eu estava correndo tão rápido que era como se estivesse voando. Eu não sabia se o cara que tinha me dito para ir para os fundos da casa estava do meu lado ou não. Eu não sabia se ele estava me enganando e RJ na verdade estava me esperando lá fora para poder me esfaquear. Mas eu não tinha outra escolha, e esperar não parecia uma boa opção. Felizmente, ele estava me dizendo a verdade. Corri pelos fundos, pulei a cerca do meu amigo e corri para casa. Que turbilhão de noite.

Talvez não seja surpresa que meu relacionamento com Ashley não tenha dado certo.

Depois daquela noite, embora estivesse grato por ter me safado, eu continuei festejando todos os finais de semana como se nada tivesse acontecido.

Um mês depois, eu estava em uma festa e recebi uma ligação de um número desconhecido. "Hey, é o RJ. Não pense que esqueci de você. Você ainda me deve dinheiro. Agora vou cobrar 100 dólares e se você não tiver essa grana na próxima vez que nos vermos eu vou te esfaquear. E não pense que estou brincando. Eu não ligo se você avisar a polícia, eles não vão fazer nada em relação a isso, e você não vai ser o primeiro cara que esfaqueio." Ele então desligou. "Porque esse cara está tão comprometido em me machucar?" Eu pensei.

Depois de pesquisar um pouco, descobri que RJ era um traficante conhecido e já tinha mandado várias pessoas para o hospital – seja espancando essas pessoas ou as esfaqueando. Ele tinha uma ficha e tanto para um garoto de 17 anos. Ele era um sociopata conhecido, que não tinha remorso e que não conseguia se controlar para não causar sérios danos em outros indivíduos. Percebi que o cara que eu tinha avaliado na festa, e que pensei não ser uma ameaça, poderia facilmente me colocar na UTI.

Na verdade, foi um milagre que ele não tenha simplesmente andado até mim e me nocauteado ou esfaqueado na festa do meu amigo, porque ele aparentemente não demonstra as pessoas o nível de graça que ele me mostrou. A única razão pela qual ele me pediu dinheiro antes de simplesmente bater na minha cara é porque eu conhecia alguns caras que estavam com ele, e eles pediram para ele tentar ser legal comigo. Apenas alguns meses antes da festa, ele mandou um dos primos do seu melhor amigo para o hospital porque eles estavam brincando de luta e ele acabou se empolgando e começou a chutar o cara na cabeça depois que ele foi nocauteado. Uau!

Eu percebi que agora eu tinha um alvo nas minhas costas. Não estava mais seguro em nenhuma festa e saídas porque esse cara não tinha apenas o meu número, mas também sabia onde eu vivia e estudava. Eu tive que ficar quieto por um tempo. Isso foi incrivelmente difícil para mim, pois, toda minha vida naquele momento girava em torno de festas e saídas e agora eu precisava perder até o acampamento da formatura porque tinha uma grande chance de ele estar lá.

Meus modos egoístas tinham finalmente me alcançado e eu estava pagando o preço.

Capítulo 5:

Uma Estranha Experiência

Depois de alguns meses me escondendo, perdendo festas, e vivendo com uma sensação constante de medo, cheguei a um ponto de ruptura. Eu não poderia continuar vivendo daquela maneira. Decidi ir para a primeira festa que apareceu.

Quando eu cheguei nessa festa, um grande número de amigos meus estavam lá e a festa tinha apenas começado. Foi muito bom sair novamente, e eu estava muito animado para o que a noite traria. Meus amigos e eu tínhamos acabado a primeira rodada de bebidas e eu disse que iria até a cozinha para pegar mais.

Enquanto eu caminhava para o hall de entrada da casa, eu passei por outro corredor no qual um rapaz estava falando no celular a cerca de 6 metros de distância. Foi talvez apenas meio segundo no qual eu passei por aquele outro corredor, mas naquele momento eu o ouvi mencionar que alguém estava vindo para a festa. Eu sabia que aquela pessoa que ele mencionou era amigo do cara que queria me esfaquear. Que momento estranho para ouvir meio segundo da conversa telefônica de alguém a seis metros de distância. De qualquer maneira, tão logo ouvi isso, um alarme interno soou dentro de mim e eu tive um pico de ansiedade. Eu pensei "Oh não, tem uma chance de o RJ vir para essa festa!" Imediatamente passei correndo pela cozinha, sai correndo pela porta da frente da casa e corri 30 minutos de volta para a minha casa. Eu me senti como um perdedor.

Quando cheguei na casa dos meus pais e me sentei em meu computador, eu tinha algumas ligações perdidas dos meus amigos. Eles me ligaram novamente, então eu atendi. "Jordan, onde você foi irmão? Achávamos que você estava pegando uns drinks, mas ninguém te encontrou" "Desculpa galera," eu disse, "Só não estava me sentindo muito bem hoje então decidi ir para casa". Eles ficaram muito confusos. "Certo cara," eles disseram, "Se você começar a se sentir melhor, estamos te esperando aqui." Eu desliguei e me perguntei o que havia de errado comigo. Eu já tinha ido a dezenas de festas e, literalmente, só tinha visto ou ouvido falar do RJ uma vez na vida. Quais eram as chances de que ele acabasse indo aleatoriamente na próxima festa que eu fosse? Eu deixei de lado minha ansiedade e comecei a me preparar para voltar para festa.

Enquanto eu estava me aprontando para voltar, recebi outra ligação dos meus amigos. Presumi que eles estavam ligando para me chamar de novo para festa, atendi pronto para dizer que estava voltando. "Jordan, o que quer que você faça, não volte para festa. RJ acabou de chegar com alguns amigos e as coisas ficaram loucas por aqui. Tem umas 40 pessoas brigando, eles têm teasers e facas e quase jogaram da varanda o anfitrião da festa!"

Eu fiquei gelado na hora. Eu tinha escapado de novo de ser esfaqueado.

Se eu não tivesse ido buscar as bebidas naquele exato momento, e se eu não tivesse estranhamente ouvido aquele cara no telefone no meio segundo que passei pelo corredor em que ele estava, eu nunca saberia que RJ poderia estar vindo para festa. Eu poderia ter terminado aquela noite no hospital ou até morto. Toda a situação parecia ter sido perfeitamente cronometrada para garantir minha segurança. Eu não podia acreditar naquilo.

Me sentei na cadeira do computador e pensei: "Será que há algo no universo cuidando de mim?"

Capítulo 6:

Mudanças Não Ortodoxas

Embora a experiência de ter sido poupado de um esfaqueamento tivesse sido profunda, eu não pensei muito sobre isso. Apenas continuei seguindo minha vida como de costume.

Eu estava no penúltimo ano do ensino médio agora, e foi nessa fase da vida que meu irmão foi inesperadamente diagnosticado com um sério problema cardíaco. Nós dois estávamos no time dos veteranos de basquete, já que meu irmão estava no último ano, e estávamos muito animados para jogar esse último ano juntos. Logo antes do início dos jogos de basquete, meu irmão começou ter algumas palpitações cardíacas, o que fez com que meus pais procurassem realizar diversos testes para ter certeza de que nada sério estava causando isso. Depois de uma série de exames mostrarem que não havia nada errado, meus pais pressionaram para realizarem um teste final, tipicamente reservado para pessoas com mais de 50 anos. Quando os resultados chegaram, o doutor nos disse que meu irmão tinha um sério problema cardíaco e que necessitava de uma cirurgia cardíaca de peito aberto imediatamente. Este era o tipo de condição que tipicamente não é diagnosticada, e atletas famosos caíram mortos durante jogos devido a esse problema cardíaco específico. Felizmente, eles descobriram o problema do meu irmão antes que isso o matasse, mesmo assim, isso conseguiu virar o mundo da nossa família de cabeça para baixo.

O dia da cirurgia do meu irmão chegou. A cirurgia deveria levar 6 horas, então minha família foi para sala de espera da UTI do hospital geral de Vancouver e esperou silenciosamente que a cirurgia acabasse. Você poderia ouvir um alfinete cair. Todo mundo estava em seu próprio mundinho, sentindo como se estivéssemos presos em um pesadelo do qual não conseguíamos acordar.

Nos falaram que deveríamos ligar para a enfermaria do setor de cirurgia após as 6 horas para ver se a cirurgia do meu irmão havia terminado. Depois de esperarmos pelo que pareceu uma eternidade, e as seis horas previstas finalmente passaram, nós ligamos. "Desculpa, a cirurgia do Chris não terminou." Eles disseram. Aguardamos mais uma hora, esperando que simplesmente demorasse um pouco mais do que o planejado. Ligamos novamente e nos disseram para esperar mais uma hora e ligar de novo porque a cirurgia ainda não tinha acabado. Eventualmente, a marca das nove horas chegou e ficamos ainda mais preocupados. "O que está acontecendo? Por que ele ainda está em cirurgia?" Nós pensamos. Eles atenderam a nossa ligação depois de 9 horas de cirurgia e disseram: "Ele saiu! Vocês vão poder visitá-lo brevemente." Que alívio.

A razão pela qual as seis horas da cirurgia cardíaca previstas acabaram se transformando em nove horas foi a dificuldade em fazer o sangue do meu irmão coagular após a cirurgia. Eles tentaram, mas não conseguiram conter o sangramento. Eles passaram por todos os métodos e agentes de coagulação que tinham, e nada funcionou. No final, eles só tinham uma última opção para parar a hemorragia, ou meu irmão iria morrer. Eles tiveram que ligar para a companhia de seguros para obter aprovação para esse agente de coagulação, pois era muito caro e foram utilizados vários frascos até conseguir obter sucesso. Meu irmão sobreviveu por pouco a essa cirurgia, mas ficamos gratos por ele estar vivo e, depois de um longo caminho para a recuperação, a vida começou a voltar ao normal.

Havia apenas algumas pequenas diferenças. Uma das válvulas do coração do meu irmão teve que ser substituída por uma válvula mecânica. A razão para isso foi que caso fosse utilizada uma válvula de carne, ele precisaria realizar outras cirurgias cardíacas a cada 10-15 anos para substituir a válvula, enquanto uma válvula mecânica duraria a vida toda. Ele era tão jovem quando fez a cirurgia que os médicos acharam que a válvula mecânica seria uma opção mais sábia, já que ele poderia nunca precisar realizar outra cirurgia.

Uma característica única da válvula mecânica era que toda vez que o coração do meu irmão batia, era possível ouvir um "tick" audível como um relógio, ou uma bomba relógio escondida em seu peito. Não tenho certeza de como era viver com o coração batendo tão audivelmente. Você literalmente poderia ouvi-lo tiquetaqueando do outro lado da sala. Era terrivelmente assustador quando ouvíamos o coração dele parar de bater por um segundo, nos perguntávamos se o coração dele tinha parado. Ou quando ouvíamos bater muito rápido e nos perguntávamos se ele estava tendo um ataque cardíaco. Nossos corações fazem coisas assim o tempo todo, mas nunca ouvimos, então não percebemos. Agora, cada anormalidade no coração do meu irmão foi amplificada e era impossível não perceber.

A vida estava diferente para nossa família, mas conseguimos ajustar essas coisas e encontramos um novo normal. À medida que um novo normal de vida estava sendo estabelecido, eu eventualmente me formei no colégio e comecei a atingir novos pontos baixos. Estava cada vez mais frenético nas festas, ficando com mais garotas e experimentando drogas como ecstasy, MDMA e cogumelos. Eu tinha perdido completamente de vista minha moral naquele momento. Mas logo após me formar, quando as coisas estavam ficando muito ruins para mim, conheci uma garota em uma festa chamada Kim. As coisas começaram a mudar para melhor, embora por meios pouco ortodoxos.

Kim era Linda, divertida e brincalhona. Na primeira noite em que a conheci presumi que iríamos ficar – porque isso tinha se tornado normal naquele ponto da minha vida – e ela me deu a impressão de estar interessada. No entanto, quando tentei beijá-la ela se afastou e disse "Não," com um sorriso em seu rosto. "Oh meu Deus, eu tenho que tê-la!" Eu pensei. Peguei o número dela e saímos. Pouco depois começamos a namorar. Assim começou um relacionamento longo e bastante doentio. Éramos jovens, burros e apaixonados. Éramos incrivelmente imaturos, mas comigo sendo um jovem de 18 anos e ela tendo 17, achávamos que poderíamos fazer qualquer coisa no mundo. Nosso relacionamento estava longe de ser um exemplo, porém, foi através desse namoro que minha vida começou a mudar para melhor.

Kim amava farrear e às vezes ficava bêbada e selvagem, mas ela não gostava do fato de eu usar drogas. Ela não queria nem que eu fumasse maconha. Estava muito chateado porque estava vivendo uma vida dupla, e pensei que eu usar drogas não era pior do que o seu consumo de álcool sendo menor de idade, mas percebi que ela valia a pena, então tentei parar com as drogas. A palavra chave é "tentei". Sua antipatia pelo meu uso de drogas não me fez parar, mas me ajudou a desacelerar um pouco o uso já que eu tinha que esconder isso dela

Um dia estávamos conversando e o tópico pornografia surgiu. Eu falei para ela que eu assistia e perguntei se ela ligava para isso. "'Não, tudo bem." Ela disse, "Você pode fazer o que quiser com isso desde que não me traia com garotas reais." "Sério?" Eu perguntei "Você ao menos sabe como è a pornografia?" Fiquei surpreso ao descobrir que sua resposta me deixou um pouco preocupado. Mesmo que eu não achasse que a pornografia era grande coisa, o fato de ela estar tranqüila com isso me fez questionar os seus valores. Você achou isso confuso? Bem vindo ao meu cérebro de 18 anos. "Eu nunca assisti" ela disse, "mas eu sei que todo cara assisti então não quero criar problema com isso." Então eu mostrei para ela alguns vídeos pornôs para vê se ela realmente se importava comigo assistindo ou não.

"Isso é nojento!" Ela gritou. "Eu não quero que você assista isso, você não deveria olhar para outras mulheres desse jeito." Acontece que essa garota tinha uma mentalidade melhor do que eu imaginava. Eu estava feliz por ela desaprovar a pornografia, mas aí veio um problema que não tinha previsto: eu estava viciado e não conseguir parar de assistir tão facilmente quanto eu imaginava. Logo ficou claro que eu não poderia parar de assistir, mesmo que ela tivesse me pedido. De repente, tornou-se mais uma coisa que estava escondendo dela.

Nosso relacionamento era uma bagunça, e eu era a grande causa da maior parte disso. Tendo dito isso, foi através do nosso relacionamento, apesar de todo problema, que notei boas mudanças ocorrendo dentro de mim. Eu tinha muitas mulheres, que conheci através do colégio e festas aleatórias, como amigas no Facebook na época. Elas constantemente postavam fotos inapropriadas de si mesmas. Eu não costumava me importar com isso, mas como resultado da minha namorada me tirar das noites de farra, eu comecei a enxergar o mundo de forma diferente. Eu estava ficando desanimado da forma como todas essas garotas estavam mostrando os seus corpos na internet e se sexualizando. Que coisa estranha para um jovem de 18 anos, de sangue vermelho e não religioso convicto.

Fiquei tão desencorajado com isso que eventualmente deletei a minha rede social porque estava cansado de ver a maneira como todas essas garotas estavam aparecendo no meu feed. Havia um número muito grande para excluir individualmente, e eu estava feliz com minha namorada, então decidi deletar tudo. Cerca de um ano depois de começarmos a namorar, reduzi a quantidade de maconha, deletei a minha rede social e parei de farrear excessivamente. Comecei a desejar coisas maiores e melhores para minha vida. Era quase como se algo no universo estivesse mudando meu coração sem que eu soubesse.

Um dia tive a idéia de começar a falar em escolas, contar para os alunos as decisões prejudiciais que tomei. Eu queria explicar para os alunos do ensino médio que eles não precisam levar o tipo de vida que levei durante esse período do colégio, e que existem maneiras mais saudáveis e seguras de se divertir e coisas mais importantes na vida. Claramente eu estava mudando para melhor.

O lado legal dessa história é que eu compartilhei esse mesmo desejo com alguns amigos quando eu tinha 26 anos, quase sete anos depois que eu tive a idéia de conversar com adolescentes do ensino médio, e um deles acabou sendo um professor de escola pública. Ele me convidou para visitar a escola e compartilhar minha história com cerca de seis classes diferentes do ensino médio. É incrível como Deus oferece essas oportunidades!

Apesar desses aspectos positivos, não quero que você tenha uma imagem excessivamente retocada do relacionamento que eu estava. Eu continuava sendo um péssimo namorado em diversas maneiras. Eu continuava vendo pornografia, usando drogas, e fui infiel à minha namorada algumas vezes. As coisas boas estavam mudando o meu interior, porém eu não tinha poder para trazer as mudanças que eu precisava no âmago do meu ser. Eu estava começando a tomar um rumo melhor na vida, mas precisava de algo mais profundo para me levar onde eu precisava ir.

Quando olho para trás e me lembro desses dias, não posso deixar de ver a mão de Deus em minha vida. Ele estava usando maneiras não ortodoxas, como um relacionamento não sadio, para trazer uma mudança significativa em minha história. Ele estava me preparando para o dia em que eu seria transformado em um nível tão profundo que eu nunca poderia realizar com minhas próprias forças. O tipo de mudança que apenas um poder sobrenatural poderia realizar.

Foi durante essa fase da minha vida, logo após terminar o ensino médio, quando meu novo namoro estava decolando e eu estava começando a mudar para melhor, que meu irmão ficou realmente doente e precisou ir para o hospital novamente. Eles descobriram logo depois que ele deu entrada no hospital que ele tinha desenvolvido uma infecção em seu coração e precisaria realizar uma segunda cirurgia cardíaca de emergência.

Capítulo 7:

O Encontro

A notícia de que meu irmão precisaria passar por uma segunda cirurgia cardíaca abalou novamente o mundo da minha família. Tínhamos a impressão de que ele nunca mais precisaria passar por outra cirurgia pelo resto de sua vida, e em apenas 2 anos, ele estava agendado para entrar no centro cirúrgico de novo. As chances de ele sobreviver a essa cirurgia eram ainda menores do que da primeira.

Quando o dia da cirurgia finalmente chegou, foi uma experiência muito sombria. Como mencionei no prólogo, eu estava saindo de uma noite de uso de ecstasy, não estava raciocinando direito e minha família foi para o hospital cedo para se preparar para a cirurgia do meu irmão, que começou as 8:30 da manhã. Mais uma vez, minha família estava sentada na sala de espera da UTI do hospital Geral de Vancouver em silêncio. Estávamos esperando que meu irmão sobrevivesse e que todo esse pesadelo terminasse.

Eu não sei se você já esteve em uma situação na qual você pode perder um ente querido. Tudo que você pode fazer é esperar até que as notícias cheguem, sem ter certeza se serão boas ou ruins. Em situações como essa, cada minuto parece uma hora e cada hora parece uma eternidade. É uma experiência surreal, como se você estivesse vivendo em um pesadelo do qual você não pode acordar. Foi assim que nos sentimos durante toda cirurgia.

Fizemos o que pudemos para tentar nos distrair e passar o tempo, mas ninguém podia ignorar o que estava acontecendo. Tornou-se realmente difícil nos mantermos distraídos por longos períodos. Todos estavam pensando: "E se ele não sobreviver a esta cirurgia? Como podemos aproveitar a vida se Chris morrer hoje?"

Os médicos disseram que mesmo com as complicações que ele teve na primeira cirurgia, essa ainda deveria levar apenas 6 horas porque eles já sabiam do que ele precisava e já o abriram uma vez. Eventualmente, as 6 horas se passaram e ligamos para a enfermaria do setor de cirurgia esperando que sua cirurgia já estivesse sido concluída. A pessoa que atendeu ao telefone falou: "Sim, o Chris terminou a cirurgia e você pode ligar daqui a uma hora para poder vê-lo"

Estávamos tão aliviados! Felizmente, não tivemos que suportar a mesma espera cruel como da primeira cirurgia que levou 3 horas a mais do que o previsto.

Ligamos novamente após uma hora, animados em ver o meu irmão. A pessoa que atendeu ao telefone disse:

"Sentimos muito, parece que a pessoa com quem você falou da última vez cometeu um erro. Chris na verdade ainda está em cirurgia. Por favor, ligue de volta em uma hora e nós lhe diremos se ele terminou."

O Que?

Você está falando sério?

Como alguém pode cometer um erro tão estúpido quanto aquele!

Nós saímos de um estado de completo alívio para confusão, raiva e pânico. Estávamos revivendo o estresse e trauma da primeira cirurgia do meu irmão novamente. Tendo dito isso, estávamos nos esforçando para permanecer esperançosos e, embora a primeira pessoa com quem conversamos tenha cometido um erro, a cirurgia do Chris deveria estar quase terminando. Quando ligássemos novamente eles deveriam ter acabado.

Esperamos uma hora, ligamos novamente e eles disseram que ele permanecia em cirurgia.

Esperamos mais uma hora, ligamos de novo e tivemos as mesmas notícias.

Esperamos mais uma hora, e outra hora, e mais uma hora. Ele continuava em cirurgia.

O hospital já havia fechado, era próximo à meia noite, todas as luzes já estavam apagadas, a sala de cuidados intensivos estava mal iluminada e meu irmão estava a

16 horas em uma cirurgia que deveria durar 6 horas. Pela primeira vez naquele dia, eu comecei a acreditar que meu irmão tinha morrido na cirurgia.

Saí com minha irmã para fumar um cigarro enquanto o estresse estava tomando conta de nós. Voltamos para dentro depois de fumar e nos sentamos nas cadeiras do saguão do hospital. No grande e escuro saguão do hospital, apenas minha irmã e eu sentados lá, finalmente quebrei o silêncio. Eu disse ansiosamente: "Você não percebe que Chris pode estar morto agora?" "Eu estou tentando não pensar nisso," ela replicou. Eu balancei a cabeça, sentindo como se fosse o único a aceitar o provável fato de que meu irmão havia morrido. Naquele momento, eu me senti totalmente sem esperança e impotente. Percebi que não poderia fazer nada para salvar o meu irmão mais velho. Mesmo que não tivéssemos tido um ótimo relacionamento, eu o amava profundamente. Ele era meu irmão mais velho protetor e agora eu provavelmente o tinha perdido. Eu não tinha idéia do que fazer naquele momento.

Em um momento de completo desespero, recostei-me na cadeira, olhei para cima e disse: "Deus, se você existe, e se você realmente se importa conosco e nos ama, então não tem como Você deixar meu irmão morrer!" Comecei a prometer: "Eu faço o que for preciso para Você mantê-lo vivo! Se Você quiser que eu faça 100 flexões, eu faço por ele! Se Você quer que eu suba e desça as escadas desse prédio 50 vezes, eu faço isso! Apenas me diga o que fazer e eu farei para que meu irmão possa continuar vivo!"

Eu não percebi que naquele momento eu estava orando a Deus.

Depois de dizer essas coisas, eu tive o estranho sentimento de que precisava subir para a sala de espera da UTI para orar com minha família. Isso era bizarro porque não fazíamos algo assim desde que eu era pequeno. Mas, percebi que não restava nada para fazer, então falei para minha irmã que eu estava voltando para me juntar ao resto da família e ela subiu comigo.

Quando entramos na sala de espera da UTI, eu estava pronto para falar para minha família que nós deveríamos orar, quando de repente minha mãe olhou para mim e minha irmã e disse: "Nós precisamos orar." "Que loucura!" Eu pensei, "Foi exatamente por isso que eu vim aqui!" Sentamos em um círculo como uma família e demos as mãos. Lá estávamos nós, na sala mal iluminada da UTI do hospital, tendo esperado 16 horas em uma cirurgia que deveria levar 6, orando sozinhos enquanto enfrentávamos o pensamento sombrio de que meu irmão poderia estar morto. Estávamos eu, minha irmã, meu pai, minha mãe e minha avó. Não fazíamos isso há muito tempo como família, mas tempos desesperados exigem medidas desesperadas, e minha mãe e eu sentimos que isso era algo que precisávamos fazer.

Minha mãe começou a orar e em cerca de 10-15 segundos de oração - bem quando ela estava começando e estávamos finalmente buscando a Deus juntos como uma família - ela foi rudemente interrompida. O cirurgião cardíaco do meu irmão entrou na sala da UTI nos dizendo que meu irmão havia sobrevivido a cirurgia.

VOCÊ ESTÁ FALANDO SÉRIO?

ISSO REALMENTE ACABOU DE ACONTECER?

Depois de 16 horas de espera, 10 horas a mais do que estava previsto, sem saber se meu irmão estava morto ou vivo, o cirurgião surgiu dizendo que ele estava bem. Isso aconteceu somente depois que nos reunimos para buscar a Deus como uma família. E tudo ocorreu imediatamente depois que minha mãe e eu sentimos, ao mesmo tempo, que deveríamos orar em família.

Minha mente estava em um turbilhão.

Enquanto eu estava entendendo como Deus havia respondido nossas orações de forma tão imediata e profunda e nos guiado até aquele momento, eu experimentei algo bizarro que só posso explicar como uma visão. Enquanto eu estava processando como nossas orações tinham sido respondidas, eu tive uma imagem na minha mente de Deus rasgando o universo ao meio, mostrando-me que Ele estava por trás de tudo. Depois de ver isso, eu fui levado em uma visão de momentos significativos em minha vida, onde eu deveria ter morrido ou ficado gravemente ferido. Eu também estava tendo lembranças de momentos em que tomei decisões muito ruins que machucaram outras pessoas. Enquanto eu revivia todas essas memórias significativas do meu passado, Deus estava me dizendo que Ele estava comigo em todo esse tempo e que Ele me perdoava por tudo que eu havia feito de errado. Eu recordei memórias de quando eu quase me afoguei até a morte quando criança. Quando usei drogas e fiquei bêbado pela primeira vez e fui perdoado. Quando sofri um acidente de bicicleta na 8ª série que quase me matou, mas me recuperei totalmente.

Também me lembrei de uma vez em que estava dirigindo para o trabalho pela manhã e estava atrasado. Era por volta das 5 horas da manhã e eu estava acelerando por uma estrada lateral que eu costumava usar porque estava sempre vazia, mesmo na hora do rush. O limite de velocidade era de 50km/h, mas eu estava dirigindo acima de 120km/h, pois imaginei que ninguém estaria na estrada naquele horário. Há uma pequena colina no meio dessa estrada, e após a crista da colina, ela desce abruptamente por cerca de 500 metros antes de se achatar e tem valas profundas e árvores em ambos os lados dessa estrada estreita de duas pistas. Quando eu estava subindo o cume da colina, esperava uma estrada totalmente vazia na descida e fiquei em choque ao ver uma caminhonete. O motorista estava virando lentamente a esquerda em uma entrada de automóveis logo acima do cume da colina, a cerca de 30 metros de distância de mim. Não tive mais que meio segundo para reagir. Apertei os freios, girei o volante para a esquerda e fiz um desvio em torno desse caminhão enquanto estava dirigindo a 120km/h. Por pouco não cai na vala de um lado, virei a roda para o outro lado e comecei a me arrastar em direção a vala do outro lado. Fui e voltei mais algumas vezes, milagrosamente permanecendo na estrada. Eventualmente, meu carro diminui para cerca de 70km/h e recuperei o controle. O motorista do caminhão ficou estacionado no meio da estrada, observando tudo isso acontecer e provavelmente processando como ele e eu quase morremos. Eu deveria ter batido no caminhão e morrido ali, ou até mesmo caído na vala, ou batido em uma árvore naquela velocidade. Pelo menos eu deveria ter destruído o carro dos meus pais e ficado paralisado. Ao invés disso, Deus me mostrou como Ele me protegeu e me perdoou em todas estas situações. Ele sempre esteve lá, impedindo que eu fosse esfaqueado em várias situações, protegendo-me de overdoses ou de tomar drogas misturadas com outros químicos. Finalmente, Deus me mostrou nessa visão como Ele estava com meu irmão durante toda sua cirurgia, mantendo-o vivo e planejando as coisas perfeitamente para que o buscássemos e tivéssemos nossas orações respondidas, para que Ele se revelasse a mim.

Aquele dia foi emocionalmente desgastante como nenhum outro. Além das 16 horas de espera para a cirurgia do meu irmão acabar, eu estava convencido de que meu irmão mais velho havia morrido. Estávamos completamente exaustos, mas depois de ver nossas orações respondidas e ter a visão que Deus me deu, subitamente fui tomado de alegria. Senti uma onda de excitação porque havia acabado de descobrir que Deus existia.

E no final daquela visão, eu senti Deus dizendo: “Aqui estou. Você vai me seguir?”

Para mim, não restava dúvida. A visão que eu tinha do mundo havia mudado drasticamente e eu estava cativado por encontrar a presença de um Deus amoroso. Acontece que o Criador de todas as coisas também estava intimamente envolvido em toda minha vida, nas coisas boas e nas ruins. Jurei naquele momento comprometer o resto da minha vida para conhecer a esse Deus. Em um momento, passei do sentimento de que a vida era pequena e previsível para ver todo o universo como a grande criação de Deus, na qual existe uma quantidade infinita de oportunidades.

O cirurgião do meu irmão, já exausto, estava explicando para nossa família por que a cirurgia do meu irmão havia demorado tanto. Aparentemente, meu irmão precisava de um bypass quádruplo. Tiveram que substituir sua válvula mecânica por uma de carne e cortaram uma secção da sua aorta, eles tiveram que usar veias de toda parte para o procedimento. Enquanto ele explicava essa cirurgia extremamente complicada e perigosa, eu sorria de orelha a orelha, exultante com a minha recém descoberta da existência de Deus. Enquanto ele continuava explicando as coisas, eu continuei balançando a cabeça e pensando: "Sim, que seja, isso é incrível cara, Deus é real! Eu não posso acreditar que Deus é real!"

Depois que ele saiu da sala e minha família começou a processar a intensidade de toda essa situação não aguentei e comecei a dizer: "Gente, vocês não viram isso?! Deus respondeu as nossas orações! Deus é real!"

Mas aqui está a loucura: eles não tiveram a mesma experiência que eu. Eles estavam lá? Sim! Eles também estavam orando? Sim! Eles encontraram Deus naquele momento? Aparentemente não, ou pelo menos não da mesma forma que eu encontrei. Minha vida mudou naquele dia, mas eu fui o único.

Eu me considero afortunado por ter conhecido o cristianismo quando era criança, porque quando eu encontrei a Deus, não tive que adivinhar a qual religião Ele estaria ligado. Eu só sabia no fundo do meu coração que era Jesus, o Deus da Bíblia, o único Deus verdadeiro. Eu não sabia nada sobre Ele, mas sabia que Ele era o único, então não precisei procurar em todas as religiões do mundo para ver com qual eu concordava. Eu me considerei um cristão, seguidor de Jesus naquela mesma noite.

Aquele encontro com Deus deixou bem claro que nada neste mundo poderia se comparar com a grandeza e o amor de Deus. Dedicar a minha vida a Deus foi uma decisão fácil e nunca olhei para trás, bem, mais ou menos.

Capítulo 8:

Aprendendo a Voar

Minha vida foi profundamente transformada após o encontro que tive com Deus no final da cirurgia cardíaca do meu irmão. A parte mais louca disso é que eu não estava esperando encontrá-lo naquele dia. Eu nem ao menos estava buscando-O ou alguma religião e ninguém na minha vida era cristão ou estava tentando me converter ao cristianismo. Foi simplesmente um inesperado e miraculoso encontro.

Quando as pessoas entregam suas vidas à Cristo, elas são verdadeiramente transformadas em novas criaturas. A bíblia diz em 2 Coríntios 5:17; *"Pelo que, se alguém está em Cristo, nova criatura é; as coisas velhas já passaram; eis que tudo se fez novo."* Posso honestamente dizer que o que experimentei naquela noite não foi nada menos do que me tornar uma nova pessoa.

Eu me tornei perfeito? Longe disso. Mesmo sendo uma nova criatura, eu continuava tendo muitos problemas e anos de vícios que ainda estavam presentes em minha vida e que eram difíceis de superar. Além disso, não tinha a menor ideia do que significava seguir a Jesus. Nunca tinha lido a bíblia ou frequentado alguma igreja desde que era criança. Tudo o que eu sabia era que estava cativado e profundamente apaixonado pelo Deus que havia se revelado para mim, e isso foi o suficiente para eu estar disposto a largar ou mudar qualquer coisa para viver da maneira que Ele queria que eu vivesse.

Na noite em que entreguei minha vida a Cristo, estava tão animado em descobrir a realidade da sua existência que liguei para o meu traficante e comprei um saco de maconha para comemorar. É muito hilário pensar nisso, mas eu simplesmente não sabia algo melhor para fazer na época.

Quando penso na profundidade da transformação que acontece quando alguém entrega sua vida a Deus - quando alguém reconhece a necessidade de receber o perdão dEle e ter o relacionamento com Ele restaurado, muitas vezes me lembro da analogia de uma lagarta passando pelo processo da metamorfose e se transformando em uma borboleta.

Quando uma lagarta entra em seu casulo, ela começa a se digerir. Ela libera enzimas que destroem todo o seu tecido, exceto os órgãos vitais, e é formada uma espécie de sopa de lagarta. Os tecidos são divididos nos chamados discos imaginais, que são grupos de células altamente organizadas.

Nesse ponto da metamorfose, quando a lagarta é digerida em uma massa grossa e ensopada, a mágica começa a acontecer. Os discos imaginais começam a se multiplicar rapidamente, à medida que ocorre a transformação em borboleta. Os discos imaginais que se tornarão uma asa se multiplicam e formam de 50 a 50.000 células ao final da transformação. Eles vão do primitivo ao super inseto!

Todos nós conhecemos o resto da história na qual, eventualmente, a borboleta se materializa totalmente, sai do seu casulo e começa sua nova vida. Quando ela deixa o casulo, não sai como uma borboleta parcial, a nova vida que Deus deu para ela foi imediatamente completa.

Tendo dito isso, quando uma borboleta deixa o casulo, ela ainda precisa aprender a ser uma borboleta! Ela só aprendeu a viver como uma lagarta, rastejando com suas patinhas e enfiando comida na boca. Agora tem pernas longas, asas e um canudo como boca. Mesmo que a nova vida esteja completa, ainda há um processo de crescimento para a borboleta. Ela precisa aprender a viver em sua nova vida e tornar-se proficiente com todas as novas características e qualidades que possui.

É assim quando alguém se torna cristão. Você é imediatamente uma nova criatura, mas leva muito tempo para amadurecer e crescer. Para mim, eu tinha muitas características antigas de "lagarta" em minha vida das quais estava aprendendo a me libertar, mas também tinha muitas novas qualidades de "borboleta" que já estava começando a experimentar.

Uma das transformações mais imediatas que experimentei foi deixar de fazer sexo com a garota que namorava naquela época. No dia seguinte ao meu encontro com Deus, dormi com minha namorada, o que era normal para nós na época. Mas aconteceu algo profundo que me revelou como o encontro com Deus me mudou. Levantei-me imediatamente depois e tive uma experiência fora do corpo. Senti-me enjoado e desorientado, e fui direto para o banheiro. Não tinha ideia do que estava acontecendo, mas tudo que eu sabia era que algo profundo estava acontecendo dentro de mim. Enquanto estava no banheiro, me olhei no espelho e algumas palavras vieram poderosamente à minha mente enquanto eu olhava o meu reflexo, as palavras eram: "Você não pode mais fazer isso. Esta não é mais a maneira como você vai viver."

Eu estava em choque e confuso. Fazer sexo fora do casamento nunca tinha sido um problema antes! E não era como se eu tivesse ouvido um sermão, lido algo na bíblia ou alguém tivesse me dito algo que me levasse a acreditar que eu precisava parar de ser sexualmente ativo fora do casamento. Eu sabia que Deus havia intervindo na minha vida de forma milagrosa e pessoal e me transformado no exato momento em que Ele se revelou.

Voltei para o meu quarto e minha namorada estava preocupada com o fato de eu ter saído tão abruptamente e perguntou se eu estava bem. "Estou bem, só tive que usar o banheiro", eu disse. Mas no fundo eu sabia o que aconteceu, e que as coisas começariam a parecer muito diferentes para nós, só não sabia como contar para ela.

Depois dessa experiência, tentei voltar aos meus velhos hábitos, mas não consegui. Algo mudou no meu âmago e não pude fazer nada além de beijá-la depois daquele dia. Me sentia enjoado toda vez que tentava ir além disso. Isso foi muito difícil para ela entender por que ela não tinha tido um encontro com Deus. Ela não foi criada em uma família que acreditasse em qualquer religião. De repente, seu namorado de mais de um ano havia se tornado uma pessoa muito diferente por conta de um encontro louco com Deus e isso não fazia o menor sentido para ela. Mas por mais difícil que fosse para o nosso relacionamento, não havia volta para mim.

A única maneira de explicar uma mudança tão dramática em minha vida é através da obra milagrosa de Deus em mim. Senti que Deus levou muito a sério o fato de eu ter entregado a minha vida para Ele e Ele não perdeu tempo em começar a me mudar e me fazer viver da maneira que Ele sabe ser a melhor - mesmo que eu não soubesse disso na época.

Mesmo com as profundas mudanças que sofri na área de pureza sexual em meus relacionamentos, ainda lutava contra uma série de outros vícios. Havia coisas como bebedeira, fumo, exercícios (para fins de vaidade), drogas ilícitas e pornografia, entre outras coisas, que não larguei facilmente. O que me traz de volta a analogia da borboleta, eu era uma nova criatura, mas ainda estava aprendendo a voar.

Em última análise, o relacionamento com essa namorada não deu certo. Fiquei super apaixonado por Deus, queria conhecê-lo melhor a cada dia, e ela não tinha esse mesmo desejo. Ela chegou a ir à igreja comigo e até mesmo entregou sua vida a Jesus durante uma aula do curso Alpha, o que foi realmente emocionante! No entanto, apesar dos passos positivos que ela estava tomando, eu estava muito impaciente e obcecado por Deus para que ela acompanhasse a direção que eu estava tomando na vida e naturalmente começamos a nos distanciar.

Depois que terminamos, me senti livre para focar mais em Deus e buscá-lo por conta própria. Terminar aquele relacionamento foi um passo útil para minha jornada com Deus. O fato de não compartilhamos a mesma intensidade de fé foi uma das principais razões que me impediram de buscar a Ele mais intensamente na época. Saí daquele relacionamento me sentindo feliz e pronto para aproveitar minha solteirice e mergulhar fundo no Senhor. Dito isso, lembro-me de uma manhã, cerca de um mês depois que as coisas terminaram, quando percebi o quão mau namorado eu havia sido para ela e comecei a chorar copiosamente. Lembrei-me das vezes em que fui infiel, em que disse coisas más e dolorosas, das vezes em que menti e em como me permiti fazer sexo com ela fora do casamento, embora não soubesse que isso era errado na época. Mas agora eu sabia que era errado, e comecei a lamentar o dano que havia causado em sua vida e na minha. Chorei por mais de uma hora ao lembrar dessas coisas. Pedi desculpas a Deus, clamei pelo seu perdão e Ele me libertou das decisões prejudiciais que tomei e do peso que elas traziam ao meu coração. Estava começando a experimentar emocionalmente uma profundidade de perdão que não sabia ser possível.

Quando comecei a buscar esta liberdade recém descoberta através do perdão que Deus concede, a minha fé cresceu de forma rápida e intensa. Porém, não estava conectado a uma igreja na época e nenhum dos meus amigos conhecia a Jesus ou procurava conhecê-lo. Então, quando estávamos juntos tudo o que fazíamos era trabalhar, festejar, usar drogas e fazer tudo isso novamente. Queria parar de beber e usar drogas, mas estava fraco demais para fazer isso sozinho.

Durante essa época, havia muitas vezes nas quais eu ficava chapado ou bêbado em uma festa com meus amigos e ao invés de falar sobre coisas inapropriadas ou dar em cima de garotas, tudo o que eu queria era compartilhar a minha recém descoberta fé em Jesus com todos! Pode parecer algo triste ou até engraçado, eu ter tentado compartilhar o meu encontro com Deus durante esses momentos, mas eu queria desesperadamente que todos conhecessem ao Deus que eu havia conhecido. Ainda ando com essa mesma paixão por Cristo e mesmo naquela época fui capaz de compartilhar a minha fé com praticamente todas as pessoas com quem conversei, mesmo com estranhos aleatórios. Porém, eu ainda estava muito quebrado pelo meu passado e precisava de muita ajuda para superar.

Lembro-me de uma noite quando estava saindo com alguns amigos. Eu era cristão há cerca de 6 meses e estava bebendo com eles para me preparar para uma noite de diversão. Estava contando aos meus amigos sobre Jesus enquanto estávamos nos preparando e ficando bêbados. Era aniversário de uma das minhas amigas, então quando chegamos ao clube fui comprar uma dose para ela. Enquanto conversávamos no bar, ela estava esperando que eu desse em cima dela, como a maioria dos caras fazem quando compram bebida para uma garota, mas em vez disso, comecei a contar a ela sobre minha transformação com Deus e como a vida era diferente e melhor com Ele. Ela passou de animada em me ver para confusa por eu estar tentando convertê-la e rapidamente escapou para dançar com seus amigos.

Depois disto, saí para ver meus amigos e eles estavam fumando um baseado no pátio do clube. Eu sabia que era ilegal, mas eu estava bem bêbado na época e ainda adorava fumar maconha, então peguei o baseado e comecei a fumar. De repente, senti mãos fortes agarrarem meus ombros e me puxarem para fora do clube. Aparentemente, os seguranças sentiram o cheiro de erva enquanto eu estava segurando o baseado.

Quando fui expulso do clube, vi que alguns outros amigos meus haviam saído para comer alguma coisa em um restaurante chamado Denny's e decidi me juntar a eles. Entre eles estava uma garota com quem eu tinha um passado sexual e ela estava começando a flertar comigo, esperando que eu me envolvesse no tipo de conversa sensual que costumávamos ter. No entanto, comecei a contar para ela e uma amiga que estava junto, sobre minha fé em Deus, ignorando completamente as suas tentativas de flerte. Imagino que elas devam ter ficado muito confusas por eu ter me tornado um cristão tão apaixonado quando era conhecido por ser muito festeiro e por gostar de flertar com as garotas. No entanto, depois do meu encontro com Deus, flertar com garotas e me envolver em diálogos sexuais ou buscar encontros sexuais não era mais um foco para mim. Eu só queria que todos conhecessem Jesus naquele momento. Falar sobre a obra milagrosa dEle.

Enquanto estava no restaurante, vi o meu irmão mais velho e alguns amigos dele e eles me convidaram para uma festa. Decidi ir com eles, deixei as garotas no restaurante, os meus amigos no clube e fui para essa festa. Acabou sendo no apartamento de um traficante, e além dele também havia outros traficantes de alto escalão. Esses caras mataram pessoas e estavam envolvidos com gangues para transportar grandes quantidades de drogas para traficantes menores. Pode imaginar que fiquei um pouco intimidado.

Quando chegamos, um dos traficantes chamado Andrew veio até meu irmão e eu, ele era conhecido por ser violento e imprevisível, e olhando em nossos olhos perguntou: “Seu pai trabalha com o que?” Olhamos um para o outro e congelamos de medo. Em uma fração de segundo, lembrei-me de que meu pai havia acabado de reformar toda a nossa casa e é um talentoso faz tudo, então rapidamente falei: “Ele trabalha com construção. É dono de uma construtora.” Andrew acenou com a cabeça, obviamente sabendo que nosso pai era um policial, mas nos testando para ver como responderíamos e se estávamos lá para delatá-lo. Depois de ver que mentimos em relação a profissão do nosso pai, ele nos deixou entrar para curtir a festa e nos deu saquinhos de cocaína para começarmos a usar.

Eu nunca havia usado cocaína e honestamente nunca tinha tido vontade. Só havia experimentado ecstasy e MDMA, e senti que a cocaína era uma droga muito forte e intensa para mim. Por conta disso, devolvi o pacote e pedi um pouco de MDMA (que também é um pó branco que você pode cheirar). Então, Andrew me deu novamente um saco de pó branco e disse que era MDMA. Eu confiei nele e cheirei a droga. Acontece que ele estava mentindo para mim. Eu ainda estava bastante bêbado e cheirando cocaína pela primeira vez.

Em um ponto da festa, os traficantes colocaram máscaras de esqui. Eles disseram que estavam indo para a casa de outro traficante, um traficante de drogas de nível intermediário que estava hospedado com a avó.

Eles iriam arrombar a casa dele, espancá-lo e roubar a casa da sua avó, porque ele estava com os pagamentos atrasados. Eu, meu irmão e os amigos dele ficamos bem assustados com isso. Eu nunca havia estado em um ambiente assim antes, mas decidimos continuar festejando.

Cerca de 30 minutos depois, os traficantes voltaram para o apartamento. Eu saí para fumar um baseado com um desses traficantes de alto escalão. Enquanto estava sentado lá com ele, bêbado, drogado, e agora chapado, comecei a falar sobre Jesus. Ele riu de mim e disse que foi criado como testemunha de Jeová, mas desistiu da religião anos atrás. Eu disse a ele que era estúpido, e que ele precisava ouvir sobre meu encontro com Deus e acreditar em Jesus. Tivemos uma conversa significativa sobre Jesus por 20 minutos, até que voltei para dentro e fui embora da festa.

Eu era um jovem muito confuso, quebrado e viciado. No entanto, ainda era uma nova criatura e não poderia deixar de compartilhar as boas novas de Jesus com todos, não importando o estado em que estivesse. Não deixe ninguém lhe dizer que você não é bom ou inteligente o suficiente para compartilhar as boas novas e o amor de Jesus com os outros. Se eu pude fazer isso sob a influência de três drogas diferentes, e nunca tendo lido a bíblia (uma combinação que não recomendo, mas, isso foi o melhor que eu poderia oferecer naquela época!), então qualquer um que afirme seguir a Jesus, não importando o nível de maturidade em que esteja, é qualificado. Você pode ser usado poderosamente por Deus para compartilhar a sua verdade e amor transformador com o mundo ao seu redor!

Infelizmente, dois anos após a conversa que tive com aquele traficante, fiquei sabendo que ele acabou sendo baleado e morto em um negócio de drogas que deu errado. Ainda me pergunto se Deus usou aquela conversa confusa e intoxicada que tivemos sobre Jesus para plantar sementes que o levaram a Jesus antes de morrer. Acho que vou descobrir um dia, quando eu mesmo for estar com Cristo.

Meus primeiros dois anos como cristão foram realmente difíceis. Comecei a aprender as maneiras corretas de viver, mas não consegui segui-las. Todos os meus amigos continuaram festejando, e toda vez que me juntava a eles, acabava ficando bêbado ou chapado. Também continuei assistindo pornografia mesmo sabendo que era errado, e não conseguia parar, por mais que orasse ou refletisse sobre a grandeza e a beleza do dia em que conheci a Deus. Tentei parar de fumar maconha mais de 30 vezes, mas nunca tive o autocontrole para conseguir deixar. Havia muitas vezes em que eu chorava porque me sentia culpado e envergonhado pelos meus vícios. Ao mesmo tempo, eu ficava chateado por Deus não ter me libertado milagrosamente da mesma maneira que Ele me libertou do sexo. Simplesmente não fazia sentido para mim que Deus me libertasse tão imediata e poderosamente em algumas áreas, mas parecesse parar de me ajudar em outras. Às vezes eu ficava tão desanimado com minha incapacidade de superar certos vícios que comecei a duvidar da existência de Deus.

Toda vez em que me encontrava em um poço de desespero, incapaz de superar meus vícios e começando a duvidar de Deus porque Ele não estava me ajudando, sempre era trazido de volta ao encontro que tive com Ele. O momento profundo em que minha vida mudou, quando o cirurgião do meu irmão entrou pela porta enquanto estávamos orando e a visão que Deus me deu naquela época. Sempre que me lembrava desse encontro, não importava o quão mal eu me sentisse pelos meus vícios, não importava o quão confuso eu estivesse por Deus não ter me libertado milagrosamente dessas coisas, eu não conseguia negar como Ele se revelou a mim. Não importava o quão obscuras as coisas ficassem, eu havia passado do ponto sem retorno. Eu irei seguir a Jesus, independentemente do que acontecer. Nunca posso negar a experiência que tive com Ele naquela sala de espera mal iluminada durante a segunda cirurgia do meu irmão.

Capítulo 9:

Começando a Voar

A melhor maneira de descrever os dois primeiros anos da minha fé seria como anos de vacilo. Eu não tinha amigos ou influências cristãs, porém estava apaixonado por Deus e tentando o meu melhor para segui-lo e compartilhar seu amor com os outros. Estava fazendo o possível para crescer em fé, mas não tinha autocontrole para ler a Bíblia ou ouvir mensagens e ensinamentos cristãos. Parecia que por mais que eu tentasse, não conseguia deixar totalmente para trás meus velhos hábitos.

Lembro-me de quando trabalhava como vendedor de celulares em uma loja chamada Future Shop. Eu tinha 19 anos na época e trabalhava com alguns caras na casa dos 30. Compartilhei abertamente minha fé com todos, mesmo sabendo que eles eram ateus que passavam muito tempo pesquisando motivos para invalidar a religião. Sempre acabávamos discutindo o tema fé por algumas horas. Houve uma vez em que estava em um debate com três deles. No meio dessa discussão, uma cliente entrou em busca de ajuda para o seu celular.

Ela ouviu nossa conversa e juntou-se aos meus colegas de trabalho, dizendo-me que Deus não existe. Foi um momento hilário em minha carreira evangelística, mas amei ter a oportunidade de crescer em fé. Aprendi a dar explicações úteis em relação a esperança que tenho e a apresentar às pessoas o único Deus verdadeiro. Fiquei conhecido como "o cara cristão" no trabalho, mas as pessoas também sabiam que eu ainda fumava maconha e festejava. Por mais que eu estivesse aprendendo cada dia mais a compartilhar minha fé, eu era incapaz de largar os meus vícios de uma vez por todas.

As coisas realmente começaram a mudar para mim quando finalmente me conectei com uma igreja local que tinha outras pessoas da minha idade. Antes disso tentei frequentar algumas outras igrejas, mas não me senti parte de nenhuma delas. Eu não conhecia nenhum membro e era difícil desenvolver amizades. A maioria das pessoas que conheci haviam crescido na igreja e tinham um estilo de vida muito diferente do meu. Era difícil me relacionar com eles, e eles não faziam um esforço para entender o lugar de onde eu vim. Além disso, a maioria das igrejas não tinha um grupo grande de jovens adultos, então era realmente difícil encontrar os amigos cristãos que eu precisava em minha vida.

Demorou quase 2 anos, depois do meu encontro com Deus, para que eu finalmente encontrasse uma igreja e fizesse alguns bons amigos da minha idade. Até então, eu ainda fumava maconha e ficava bêbado regularmente, entre outros vícios que não conseguia largar. Lembro-me de trazer alguns dos meus amigos de festa para a igreja e sair para ficar chapado com eles logo depois do culto, enquanto discutíamos a mensagem do pastor. Também me lembro de ajudar a plantar um novo campus de igreja, organizar eventos para famílias e jovens do bairro, pendurar convites nas portas das pessoas, orar com nosso grupo principal e sair para ficar chapado e festejar logo depois. Eu me senti tão impotente, como se Deus não pudesse me usar completamente ou que eu não estivesse verdadeiramente transformado até abandonar meus vícios.

Um dos momentos mais encorajadores, porém, veio de um momento realmente sombrio. Levei um amigo à igreja que havia perdido o irmão mais novo por suicídio. Esse amigo não tinha formação religiosa, mas estava tão perturbado com a morte de seu irmãozinho que estava aberto a tentar qualquer coisa para obter paz e encerramento. Na época eu era um cristão muito confuso, tentando cuidar e encorajar meu amigo, enquanto ainda ficava chapado com ele e ia a festas para tentar fazê-lo se sentir melhor. Eu me senti um completo fracasso como cristão, como se quase nada tivesse mudado na minha vida depois do meu encontro com Deus. Um dia, Jack, o pastor do campus em que eu estava ajudando, se encontrou com meu amigo para falar sobre a morte de seu irmão. Depois que se conheceram, Jack me disse que meu amigo concordou em ir à igreja comigo porque viu que eu era uma pessoa completamente diferente. Ele não tinha ideia de como eu tinha mudado tão dramaticamente, - de ser um cara super festeiro em menos de um ano atrás, para agora servir na igreja e tentar viver uma vida piedosa - mas ele achou que valia a pena tentar vir comigo. Esse foi um grande momento de afirmação para mim em uma época em que eu me sentia, na melhor das hipóteses, como um cristão miseravelmente fracassado. Mesmo que eu estivesse longe de ser perfeito e lutasse contra o desejo de ir para festas e usar drogas, Deus ainda estava me usando e encorajando os outros através das grandes mudanças que aconteceram em minha vida.

Foi só quando finalmente fiz algumas amizades significativas com pessoas da igreja que as coisas começaram a mudar. Lembro-me de um dia em que estava com alguns amigos, depois de mais de 30 tentativas fracassadas de parar de fumar maconha, quando um dos meus amigos puxou um saco com uma das ervas mais bonitas que já cheirei. Mesmo que eu estivesse tentando parar, em situações como essa eu normalmente cedia e dizia: "Bem, não é todo dia que você fuma uma maconha tão boa. Eu sempre posso desistir depois desta última vez!" No entanto, quando meu amigo me ofereceu, eu disse que não. Isso surpreendeu a todos, inclusive eu. Eu disse a ele que não queria porque tinha parado de fumar maconha. Ele disse: "Não, Jordan, você precisa experimentar isso. Eu sei que você está desistindo, mas sério, esta é a melhor erva que eu já usei e você tem que experimentar!" Novamente, normalmente eu cederia, mas algo mudou profundamente dentro de mim. Eu nem queria mais. Eu disse não de novo, e mesmo que meus amigos tentassem me convencer mais algumas vezes, percebi que tinha acabado. Eu finalmente tinha superado meu vício de fumar maconha.

O que tinha acontecido? Por que eu consegui superar isso daquela vez e não nas outras 30 ou mais vezes? A única diferença era que agora eu estava finalmente conectado na igreja com amizades significativas. Meu grupo principal de pessoas finalmente mudou de meus amigos festeiros para pessoas que amavam Jesus e estavam vivendo ativamente sua fé. Há algo sobrenaturalmente poderoso em estar intimamente ligado à igreja local que produziu liberdade e avanço em minha vida. Eu nunca mais toquei em maconha desde aquele dia.

Agora que a maconha estava fora da minha vida, meu próximo vício em foco eram os cigarros. Eu odiava fumar, mas eu não conseguia lagar o fumo completamente. Parei de fumar quase meio maço por dia (o tempo todo indo à academia regularmente e praticando esportes) para fumar apenas um cigarro a cada dois ou três dias, mas parecia novamente que nada poderia me fazer finalmente parar de fumar completamente.

Lembro-me de um dia fumar com alguns amigos e dizer-lhes que era o meu último cigarro. Até joguei fora o resto que estava dentro da minha mochila bem na frente deles. Eu fui a uma festa mais tarde naquela noite, e eles acabaram aparecendo também. Eu já tinha bebido algumas cervejas quando eles apareceram e estava fumando novamente. Eles me viram e riram muito. "Jordan, você parou de fumar por umas quatro horas, parabéns cara!" Fiquei um pouco envergonhado, mas também ri do quão ridícula era aquela situação. É um vício realmente difícil de largar.

Um dia, voltei do trabalho de carona com um colega de trabalho que cresceu em uma família cristã. Ele estava realmente lutando com sua fé e estava prestes a deixar a igreja. Fiquei do lado de fora do carro com ele depois que ele me deixou e fumamos juntos. Na minha cabeça, era uma maneira de tentar criar uma conexão com ele. Os fumantes sabem que os cigarros podem se tornar algo para se relacionar e fazer com que as pessoas se sintam à vontade para ter conversas mais profundas. Isso é pelo menos o que eu me convenci a acreditar. Na realidade, era apenas uma boa desculpa para eu continuar afundado no meu vício.

Depois que terminei de fumar com ele, entrei na casa dos meus pais, onde eu morava na época. Passei pelo meu pai e ele disse: "Vejo que você é fumante. Isso é bem decepcionante." Senti a raiva explodir dentro de mim. Quem era ele para me dizer o que fazer? Eu tinha 20 anos na época, muito além da idade legal para fumar e capaz de tomar minhas próprias decisões. "Eu não sou fumante, só fumei um cigarro para criar uma conexão com um cara que estava com problemas e precisava falar sobre sua fé", eu disse. "Bem, eu vi você fumar Jordan e você não estava tossindo, o que me mostra que você não fumou apenas um cigarro. Você fuma com regularidade o suficiente para que seus pulmões estejam acostumados a isso." Pode ser muito chato ter um policial como pai!

Eu me senti ainda mais agitado por ter sido chamado de fumante e por estar mentindo para mim mesmo tentando defender meus vícios. Eu estava pronto para começar a discutir com meu pai e mostrar como ele estava ultrapassando alguns limites, mas então aconteceu algo que eu não esperava. Um versículo da Bíblia veio direto à minha mente, alto, claro e impossível de perder: "Honra teu pai e tua mãe". Fiquei chocado. Nunca pensei nos 10 Mandamentos e não os lia desde criança. Deus trouxe essas palavras à minha mente para me guiar nessa interação com meu pai.

Eu estava pronto para discutir com meu pai e afirmar minha independência, quando Deus me disse para me humilhar. Ele falou que eu deveria viver de forma que honrasse e valorizasse o amor que meu pai tinha por mim, por mais irritante que isso fosse. Imediatamente passei de um estado de raiva para um de contrição e percebi o quanto eu estava sendo idiota. Saí da sala, orei a Deus e agradeci por sua verdade, e decidi em meu coração que não fumaria mais. Uma das citações favoritas do meu pai é: "Falar é fácil". Sempre que eu ou meus irmãos conversávamos sobre todas as grandes coisas que planejávamos fazer, ou todas as mudanças que prometeríamos realizar, a resposta do meu pai era sempre "Falar é fácil. Não me diga sobre o que você vai fazer, apenas faça e então você pode me mostrar."

Enquanto voltava para o quarto onde meu pai estava, queria contar a ele o que Deus acabara de realizar, como resolvi parar de fumar. Percebi que não seria a coisa mais útil para ele. Em vez disso, apenas guardei para mim e pensei "se isso é realmente de Deus, então Ele me dará forças para resistir". A última coisa que eu gostaria era que eu contasse ao meu pai sobre o que Deus havia feito, prometesse parar e depois fracassasse como eu havia feito dezenas de vezes antes. Isso me faria parecer idiota e minha fé em Deus pareceria impotente.

Eu estava determinado a vencer aquele vício, pois era uma das melhores maneiras de honrar meu pai naquela fase do nosso relacionamento. Duas semanas se passaram, o maior tempo que fiquei sem fumar em anos. Eu sabia que o trabalho de Deus estava concluído, eu tinha parado e estava livre do meu vício. Eu fui até o meu pai e disse: "Pai, eu sei que você diz que falar é fácil, então eu não quis contar que tinha decidido parar de fumar quando você conversou comigo naquela semana". Então comecei a falar a ele sobre o que Deus fez, como sua palavra veio à mente e que tinha decidido viver de uma maneira que mostrasse maior honra e respeito a ele e a minha mãe. Eu disse também que estava limpo há duas semanas. Não toquei em um cigarro desde então.

Eu estava longe de ser perfeito e levei muito mais tempo do que esperava para mudar, mas Deus estava trabalhando em minha vida, pacientemente me mudando em um ritmo que eu poderia suportar. Enquanto eu dediquei um tempo a Deus em minha vida, Ele foi fiel em me transformar, me podando. Eu estava vendo o poder sobrenatural de passar tempo com Deus em oração, lendo a sua palavra e tendo relacionamentos significativos com outros seguidores de Cristo que causaram um enorme impacto em minha vida. Agora eu estava livre da maioria dos meus vícios superficiais. Eu não estava mais festejando, ficando bêbado, usando drogas ou fumando cigarros. Agora eu tinha a capacidade e atenção para começar a trabalhar com os problemas de caráter que estavam por trás de muitos dos meus comportamentos viciantes. À medida que Deus me libertou de meus vícios superficiais, comecei a mergulhar mais profundamente em minha fé. Comecei a experimentar a obra de Deus em minha vida de maneiras mais profundas do que eu poderia imaginar.

Capítulo 10:

Surpreendido Pela Mudança

Continuei me envolvendo cada vez mais na comunidade da igreja. As pessoas perceberam meu amor por Jesus, meu comprometimento em viver a minha fé e por conta disso fui encorajado a servir como líder desde o início da minha vida cristã. Enquanto ajudava a plantar um novo campus da igreja, comecei um grupo de jovens adultos com um dos meus amigos íntimos com quem eu servia.

Um dia estava conversando com meu amigo Brody em nosso grupo de jovens adultos, eu estava lamentando como eu não sabia quase nada sobre a Bíblia e ainda sim era um líder na igreja. Eu falei para ele que eu gostaria que houvesse alguma maneira de crescer em conhecimento. Lembro-me de dizer: "Se ao menos houvesse algum lugar que eu pudesse ir apenas para estudar a Bíblia, como uma escola na qual eu pudesse fazer cursos e obter um diploma aprendendo sobre a Bíblia e a fé cristã." Brody olhou para mim como se eu fosse um idiota: "Porque você não vai para a faculdade bíblica, cara?" Ele falou como se eu devesse saber o que era. "Que lugar mágico é esse chamado faculdade bíblica?" Respondi maravilhado. Não fazia ideia de que algo assim existia. Assim que descobri que havia um lugar para onde eu poderia ir para estudar a Bíblia, soube que era a resposta perfeita para os desejos do meu coração. Depois de algum tempo processando essa nova informação, fiquei convencido de que precisava entrar nessa faculdade. Não havia a menor dúvida para mim!

Comecei a pesquisar faculdades bíblicas locais e pedi para alguns pastores recomendações. Eles disseram que não erraria com nenhuma das que estavam a uma curta distância da casa dos meus pais, então me candidatei a três delas. Curiosamente, apenas a Columbia Bible College respondeu a minha inscrição. Eu era novo na fé e não tinha ideia de como funcionavam as faculdades bíblicas, então assumi que as outras duas não me aceitaram porque eu não tinha maturidade suficiente. Tomei isso como uma resposta fácil para o dilema de qual eu deveria frequentar, já que só havia uma opção para mim! Mais tarde, descobri que era estranho que nenhuma das outras duas faculdades tivessem respondido à minha inscrição. Amigos meus que trabalhavam nos escritos de admissão disseram que ficaram chocados por nunca terem me retornado. Instituições privadas como faculdades bíblicas estão sempre ansiosas para conseguir novos alunos, independentemente do nível de fé do estudante. Depois de descobrir isso, fiquei ainda mais convencido de que Deus tinha uma razão para que eu estudasse na Columbia Bible college.

Fui entrevistado pela Diretora Assistente Estudantil quando estava sendo admitido na faculdade. Ela foi muito gentil, quis conhecer um pouco melhor minha jornada de fé e discutiu algumas coisas que eu havia escrito na minha inscrição. No final da nossa breve entrevista, ela sorriu e disse que estava animada por me ter como parte da faculdade. Eu estava feliz, mas sabia que deveria revelar um segredo para ela. Eu só havia parado de fumar maconha quatro semanas antes daquela entrevista. Como um usuário de drogas como eu poderia fazer parte de uma instituição sagrada como uma faculdade bíblica? Eu disse isso a ela antes de sair, que precisava confessar que eu havia me drogado pela última vez há um mês. Esperava que ela dissesse o quão ruim isso era e que eles precisariam reconsiderar a minha inscrição. Ao invés disso, ela assentiu, sorriu um pouco e disse: "Obrigada por compartilhar isso. Você parece estar progredindo nessa área da sua vida." Eu me senti tão perdoado e compreendido. Assim começou um dos melhores anos da minha vida, aprendendo sobre a Bíblia.

Comecei o primeiro semestre durante o inverno, mas precisava encontrar um emprego para trabalhar durante o verão. No final do ano letivo, fui à casa do meu amigo Brody para uma festa. Eu estava pulando no trampolim com seus dois irmãos mais novos e ele notou minha energia e a diversão que estava tendo com seus irmãos. "Jordan, você precisa trabalhar no acampamento bíblico comigo! Você seria perfeito para isso!" Ele exclamou enquanto nos observava. "Acampamento bíblico, o que é isso?" Perguntei. Ele ficou chocado por eu nunca ter ouvido falar sobre isso antes. Ele explicou o que era e parecia incrível. Ele me disse que eu poderia ser pago para brincar com crianças, potencialmente pilotar barcos e falar as pessoas sobre Jesus durante todo o verão. Cresci praticando esportes aquáticos e pilotando o barco da minha família. Esse parecia o emprego dos sonhos para mim.

No dia seguinte, fui me candidatar. Verifiquei as vagas de piloto de barco e desanimei quando percebi que elas já haviam sido preenchidas. Olhei para todas as outras vagas, mas a única que restava e tinha haver com barcos era a de diretor marítimo. Isso soou muito oficial para um cara jovem como eu. Presumi que o acampamento queria pessoas na faixa dos 30 anos, com alguns anos de experiência, para um cargo desses. Por conta disso, me candidatei para o cargo de piloto de barco, esperando que alguém pudesse ter desistido. Também me candidatei aos empregos que os jovens de 14 a 16 anos faziam, supondo que era tudo para o que eu estava qualificado.

Recebi o telefonema da coordenadora de líderes do acampamento no dia seguinte, e ela gentilmente me disse que as vagas de piloto de barco estavam de fato preenchidas. Fiquei desapontado, mas curioso para saber como eu poderia me encaixar nos outros cargos que eles tinham. Para minha surpresa, ela me disse que eu era velho demais para esses empregos, e que ela estava realmente me procurando para o papel de diretor marítimo. Fiquei atordoado. Era a última coisa que eu esperava. Ela me convenceu de que minha fé era forte o suficiente, que eu era maduro como líder e experiente o bastante com a condução de barcos e esportes aquáticos para fazer esse trabalho. Senti-me muito honrado e aceitei o cargo.

Depois de servir nessa função durante o verão, o diretor do programa, que liderava toda a equipe, decidiu sair porque conseguiu um emprego como professor. Após trabalhar neste acampamento por um verão, fui capaz de servir as diversas famílias que passaram por nosso acampamento, trabalhei ao lado de mais de cem outros membros da equipe e voluntários e tive a oportunidade de compartilhar sobre a fé cristã com muitas pessoas. Pensei que seria muito legal ter o emprego dele e trabalhar como diretor do programa. Dito isto, eu sabia que isso não aconteceria por alguns motivos. Primeiro, havia outros líderes na equipe de liderança em que servi que eram mais velhos, mais inteligentes, mais maduros e tinham anos de experiência naquele campo. Segundo, eu tinha apenas 20 anos e você precisava ter pelo menos 21 anos para servir como diretor de programa. E terceiro, eu era um cristão relativamente novo, apenas aprendendo o básico sobre liderança em meu papel como diretor marítimo.

No entanto, quando o verão estava quase no fim, o diretor executivo veio até mim e perguntou se eu poderia encontrá-lo em seu escritório. Eu tinha certeza de que estava em apuros. Entrei me perguntando o que tinha feito de errado. Ele me perguntou se eu tinha gostado do meu primeiro verão no acampamento bíblico. Eu disse a ele que adorei e ficaria feliz em fazê-lo novamente no verão seguinte. Ele ficou feliz em ouvir isso e me disse que queria me oferecer o cargo de diretor do programa.

O que?

Você está falando sério?

Não tinha a menor ideia do que dizer. Esta era a última coisa que estava esperando daquela reunião. Eu já havia suposto que o braço direito do diretor antigo iria assumir a posição deixada por ele, já que ele queria o cargo e era pelo menos dez vezes mais qualificado do que eu. Esse foi um daqueles momentos em que ficou extremamente claro que apenas Deus poderia ter aberto a porta para que eu fosse considerado para o cargo, tendo em vista que eu não era experiente ou impressionante o suficiente para conseguir um emprego como aquele na minha idade.

Eu disse a ele que iria pensar e orar antes de dar uma resposta.

Perguntei a vários mentores e pastores se aceitar esse trabalho era uma decisão sábia para mim. Eu era jovem e aceitar esse emprego exigiria que eu morasse no acampamento bíblico, que estava localizado a cerca de quatro horas de distância da minha casa atual. Felizmente, o acampamento ficava no meio de uma cidade grande e bonita à beira de um lago, então não era como se eu estivesse vivendo no meio do nada como na maioria dos acampamentos.

Depois de receber o suporte de pessoas em quem confiava, parecia que esta seria uma rara oportunidade de crescer em experiência de liderança em uma idade jovem. Eu disse "sim" e me mudei para o acampamento depois do semestre de outono da faculdade bíblica.

Entrando em meu primeiro ano como diretor de programa, eu era um jovem enérgico, esperançoso e dedicado. Também era excessivamente confiante, idealista e inexperiente. Quando descobri o que o diretor anterior fazia, pensei "Uau, isso parece tão divertido e fácil. Eu vou me dar muito bem nesse trabalho!" Eu estava convencido de que este primeiro ano seria muito fácil e que eu iria arrasar. Até aquele momento da minha vida eu sempre havia sido considerado um excelente funcionário, normalmente era o favorito e aquele que conseguia promoções com facilidade. Na minha ingênua arrogância presumi que não teria dificuldades em assumir essa posição.

Oh cara, eu estava realmente errado!

Aquele ano na direção do acampamento provou ser o ano de trabalho mais difícil da minha vida. Ultrapassava a minha capacidade e eu não fazia a menor ideia do que eu estava fazendo no que diz respeito ao desenvolvimento do programa. Eu havia passado apenas um verão no acampamento bíblico em toda minha vida, e só havia trabalhado em um dos cinco departamentos principais. Não tinha o conhecimento do que os outros departamentos realmente faziam e agora eu era responsável por todos eles. Sem mencionar que também precisava contratar individualmente todos os funcionários da equipe.

Quando o verão chegou, tive que planejar e implementar o treinamento dos 50 funcionários e voluntários que contratei e preparar a maioria dos suprimentos para nossos programas de acampamento. Não tinha ideia de quantas coisas aconteciam nos bastidores e isso estava me sobrecarregando.

Durante o verão eu trabalhava aproximadamente 16 horas por dia, seis dias por semana, e me sentia completamente esgotado durante o meu dia de descanso, que começava no sábado à tarde - após uma manhã completa de trabalho - e ia até o domingo à tarde, quando eu tinha que preparar todos os funcionários para a chegada dos campistas. Durante esses dias intensos de trabalho, me permitia ter apenas um intervalo de 30 minutos, no qual eu ia para minha casa, me deitava no sofá e lia a bíblia ou cochilava. Praticamente a única pausa que eu tinha durante o dia. Todas as minhas refeições foram gastas comendo com funcionários ou campistas, e todos os grandes problemas ao longo de todos os dias chegavam até a mim.

Quando o verão acabou, e todos os funcionários foram embora, me lembro de ter comido uma tigela de cereal tarde da noite antes de dormir. Eu tinha feito exatamente a mesma coisa antes de todos os funcionários chegarem no início do verão e era como se eu tivesse déjà vu. Percebi que apenas três meses havia se passado, mas me sentia uma pessoa completamente diferente. Aquele ano foi um ano de intenso aprendizado no campo da liderança. Parecia uma prova de fogo e eu mudei durante o processo. Percebi pela primeira vez que não era bom em todos os trabalhos que fazia, por mais fácil que parecessem. Isso me humilhou e me mostrou como eu precisava desesperadamente de Deus em minha vida. Sem Ele, nada significativo aconteceria porque eu era muito mais fraco do que minha mente arrogante de 20 anos acreditava.

Este foi um ano muito significativo para mim. Quando me contrataram, pediram que eu me comprometesse por cinco anos para que eu pudesse ajudar a levar o acampamento a um novo nível de desenvolvimento. Inicialmente concordei, mas isso acabou não acontecendo no final das contas.

Durante o início do verão, juntei-me a um grupo de homens em uma das igrejas locais. Era uma igreja muito grande e os caras desse grupo eram homens de negócios muito bem-sucedidos de todos os tipos, com idades entre 35 e 60 anos. Eles gostavam de me ter por perto, e muitos deles levavam suas famílias para o acampamento bíblico que eu liderava. Um dia, um líder desse grupo me convidou para tomar um café com o intuito de me conhecer melhor. Ele era um corretor de imóveis bem sucedido, que havia se mudado de uma cidade chamada Edmonton, localizada na província de Alberta, para a cidade em que eu estava, Kelowna, no distrito da Colúmbia Britânica. Ele gostou da minha presença no grupo de homens e me disse que se eu quisesse ser corretor de imóveis, ele adoraria me colocar sob suas asas. Eu tinha completado 21 anos naquele momento e ele me falou que poderia me ensinar como ganhar muito dinheiro, mais de 100.000 dólares canadenses, no meu primeiro ano. Eu estava deslumbrado. Nunca sonhei em ganhar tanto dinheiro na minha idade e o acampamento bíblico nunca seria capaz de me pagar nem perto disso! Fiquei lisonjeado, mas dei minha palavra ao acampamento e não poderia voltar atrás. Agradeci a ele, mas no final tive que dizer não. Ele disse que estava tudo bem, e se eu reconsiderasse a oportunidade ainda estaria em pé.

Com o passar do verão, percebi que era péssimo na parte de realizar a programação do acampamento. Eu era muito mais uma figura pastoral, um líder espiritual ou um motivador para a equipe. Também tinha uma mentalidade mais empresarial. Durante todo o verão, conheci muitos dos campistas que iam com suas famílias, muitos deles eram empresários bem sucedidos ou trabalhadores com cargos administrativos ou gerenciais de todo o Oeste do Canadá. Muitos deles disseram que eu tinha talento para a área de negócios e que eles poderiam me ver tendo sucesso nisso. À medida que isso continuava surgindo, comecei a me perguntar se talvez eu estivesse sendo chamado para os negócios, afinal. Talvez trabalhar no acampamento bíblico fosse apenas um trampolim para eu descobrir esse chamado.

A oportunidade de vender imóveis com o cara do meu grupo de homens não saia da minha mente e eu orava repreendendo isso. Senti que seria infiel ao meu compromisso com o acampamento bíblico. Mas quando percebi que esses desejos não iriam embora tão cedo, orei e disse a Deus que, se Ele quisesse que eu aproveitasse essa oportunidade imobiliária, Ele teria que deixar claro com uma confirmação audível, caso contrário eu não faria isso.

Deus realizou essa confirmação.

Encontrei-me com meu diretor executivo uma semana depois de orar por isso. Ao iniciar a reunião, ele estava falando sobre o planejamento para o ano seguinte, sobre o qual ainda não havíamos conversado, pois o verão estava longe de terminar. Então, quando ele começou a falar sobre o ano seguinte, fez uma pausa e disse: "Espere, você acha que estará aqui no próximo ano?" Fiquei pasmo. Por que ele faria uma pergunta dessas? O ano inteiro até aquela conversa ele sempre falou como se eu fosse ficar por cinco anos e nunca questionou isso. Isso foi bizarro, e a única coisa que eu conseguia pensar é que Deus estava abrindo a porta para eu confessar meu desejo de buscar essa oportunidade imobiliária de forma que meu diretor executivo pudesse me guiar.

Eu timidamente disse a ele: "Eu não sei, surgiu essa oportunidade que eu queria mencionar a você, mas não se preocupe, eu sei que me comprometi aqui por cinco anos." Eu continuei a contar a ele sobre o homem que se ofereceu para me colocar sob seu comando como corretor de imóveis. Meu diretor executivo conhecia esse homem, e sabia que ele era um líder de negócios bem-sucedido e piedoso, que não costumava mentorear outras pessoas, especialmente com a minha idade. Tinha certeza de que meu chefe me diria que eu estava me distraindo com essa oportunidade e que precisava esquecê-la para cumprir meu compromisso com o acampamento.

Eu não podia acreditar no que veio a seguir. Meu chefe passou os próximos trinta minutos falando sobre como era uma grande oportunidade. Ele disse que eu tinha um tremendo talento nos negócios e me via tendo um futuro mais brilhante como empresário de sucesso do que trabalhando no acampamento bíblico. Ele me falou que oportunidades como essa eram tão raras para pessoas da minha idade e que, se eu fosse seu filho, ele me encorajaria a aproveitar. Também disse que confiaria em Deus para fornecer outro diretor de programa.

Lá estava minha confirmação audível. O próprio chefe que estava empolgado em desenvolver o acampamento comigo pelos próximos cinco anos, estava me dizendo que eu precisava aproveitar essa oportunidade incrível. Pedi demissão do cargo de diretor do programa no final do verão e voltei para casa dos meus pais. Eu obteria minha licença imobiliária e economizaria dinheiro suficiente para investir no início do meu negócio como corretor de imóveis.

Capítulo 11:

Uma Vida Profunda

Cerca de três meses antes de me mudar para trabalhar como diretor do acampamento visitei uma igreja em um projeto social que fiz com uma turma da faculdade bíblica. Quando fui à igreja, fiquei absolutamente encantado. Era predominantemente uma igreja da África Ocidental, mas também era incrivelmente diversificada, representando mais de 100 nações diferentes. Eu nunca tinha experimentado adoração, oração ou pregação daquela forma em toda minha vida. Quando cheguei lá, senti imediatamente que aquele era o meu tipo de pessoa e ansiava por fazer parte daquela comunidade de adoração. Parte disso era que eu sempre me senti como um estranho na minha antiga igreja. As pessoas nesta nova igreja pareciam ter o tipo de fé intensa e devotada que eu tinha. Poucos outros jovens adultos da minha antiga igreja eram tão apaixonados e entusiasmados com sua fé quanto eu. A maioria cresceu na igreja, sempre haviam sido cristãos e estavam mais focados em obter uma boa educação, conseguir um bom emprego e tentar encontrar um cônjuge dentro do nosso ministério de jovens adultos. Não são coisas ruins, mas não era meu foco na época. Eu sempre senti que estava liderando e pressionando por coisas, como eventos evangelísticos e noites de oração, que eles não queriam tanto quanto eu.

Orei sobre deixar minha antiga igreja e ir para esta nova igreja, mas Deus me disse “ainda não”. Senti que estava muito envolvido em minha antiga igreja e que Deus queria que eu cumprisse meus compromissos lá. Eu não podia simplesmente deixar abruptamente as diferentes funções de liderança e voluntariado em que eu estava servindo.

Um ano depois, quando voltei para casa após aquele ano incrivelmente intenso de trabalho no acampamento, percebi que não estava mais comprometido em servir na minha antiga igreja. Orei sobre isso e senti que Deus me deu luz verde para ir à nova igreja e me envolver lá! Só havia um problema. Uma das principais coisas que Deus me disse através da oração quando eu estava voltando para casa é que eu precisava de um mentor o mais rápido possível. Eu sabia que precisava de um mentor, mas o problema era que eu não conhecia nenhum homem na nova igreja que pudesse me orientar. Na verdade, eu não conhecia uma única pessoa lá e me senti muito deslocado como uma das únicas pessoas brancas em uma igreja de mais de 1.500 pessoas! Dito isto, eu desejava tanto fazer parte desta nova igreja que fui de qualquer maneira, e só esperava me conectar e encontrar um mentor imediatamente. Quando fui ao primeiro culto depois de me mudar de volta para casa, fiquei cheio de muita empolgação, pois a igreja era exatamente tão incrível quanto me lembrava. Também senti tristeza, pois me dei conta de que não conhecia ninguém. Eu me sentia sozinho lá e era difícil me conectar com as pessoas.

Saí da igreja naquele dia realmente desanimado. Eu não queria desobedecer a Deus atrasando a obtenção de um mentor para frequentar esta nova igreja. Todos os homens que eu conhecia que poderiam me orientar estavam na minha antiga igreja, então orei e disse a Deus: "O Senhor me disse que eu preciso de um mentor, e também me deu esse desejo de frequentar esta nova igreja. Então, ou o Senhor de alguma forma me conecta com um mentor nessa nova igreja onde eu não conheço ninguém, ou eu terei que voltar para minha antiga igreja e não poderei me juntar a essa nova comunidade de adoração." Depois de orar isso, senti Deus me dizer para voltar à nova igreja mais uma vez no fim de semana seguinte.

Voltei novamente àquela igreja na outra semana, animado para adorar e orar com eles novamente e para aprender com seu pastor que era um pregador muito talentoso. Eu também fiquei um pouco desapontado, sabendo que provavelmente seria minha última vez indo lá.

Assim que o culto estava começando, uma mulher veio à frente para dar anúncios. O primeiro anúncio que ela deu foi: "Se você é um jovem em nossa igreja saiba que estamos iniciando um programa de orientação e discipulado para jovens na próxima semana, no qual você deve se inscrever".

ISSO É SÉRIO DEUS?

O Senhor é tão bom.

Eu sabia que era a confirmação de Deus que eu deveria estar naquela igreja. Ele havia, de forma sobrenatural, me dado um mentor e uma maneira de permanecer lá. Acabei ficando naquela igreja por pouco mais de três anos e fui profundamente moldado por meus amigos africanos e amigos de outros países em desenvolvimento ao redor do mundo, que me ensinaram a adorar e orar de maneiras muito mais profundas e dependentes de Deus do que eu já tinha experimentado. Frequentar esta igreja foi uma grande parte do preparo de Deus para minha vida ministerial.

Quando voltei para casa e comecei a frequentar esta igreja, comecei a trabalhar com construção com alguns dos meus amigos do acampamento bíblico para economizar dinheiro para investir em minha carreira de corretor. Ao mesmo tempo, eu estava trabalhando para obter minha licença imobiliária. Um presente inesperado desta temporada foi me reconectar com Bronson, o meu melhor amigo durante a minha fase de adolescência e de quem me separei no ensino médio, porque ele era cristão e meu estilo de vida era muito diferente do dele. Ele por acaso trabalhava na mesma empresa de construção e fomos aleatoriamente emparelhados para trabalhar juntos no ano seguinte.

Nossa amizade reacendeu durante esse tempo e ele se tornou meu melhor amigo mais uma vez. Sem dúvida, Bronson é uma das pessoas mais importantes da minha vida.

Enquanto trabalhávamos juntos e eu estava obtendo minha licença imobiliária, contei a ele sobre o processo e, eventualmente, ele se animou com a ideia de entrar no ramo imobiliário. Começamos a orar sobre isso juntos, e nos comprometemos a vender casas juntos, e até mesmo iniciar uma parceria e construir um negócio imobiliário. Estávamos muito animados com a perspectiva de trabalharmos um com o outro.

Sem que eu soubesse, Deus acabou tendo outros planos para minha vida.

À medida em que me envolvia mais na nova igreja e no programa de mentoria, acabei ficando muito próximo de alguns caras que estavam lá, e eles me convidaram para me juntar a eles em uma reunião de oração que acontecia todos os sábados de manhã das 6 às 8:00, e em um segundo horário das 8h00 às 10h00. Isso, claro, logo após uma reunião de oração toda sexta-feira à noite, das 19h30 às 21h30, que geralmente passava da meia-noite. Passar todas as noites de sexta-feira orando e acordar às 5h da manhã para ir a outra reunião de oração todos os sábados de manhã é exatamente o que todo cara de vinte e poucos anos quer fazer no fim de semana, certo? Esses caras estavam loucos de amor por Jesus e eu fui desafiado e inspirado por isso.

Quando me convidaram, não consegui dizer não. Eu tinha uma reputação para defender! Eu era um líder cristão de alto nível, tendo acabado de liderar um grande acampamento bíblico por um ano, e já era líder de adolescentes e jovens adultos há alguns anos. Recusar essas reuniões de oração arriscaria me fazer parecer não espiritual (espero que você possa sentir o sarcasmo em minha voz). Mas falando sério, meu orgulho me fez dizer "sim", porque eu tinha que provar para esses caras que eu era tão apaixonado por Jesus quanto eles.

Lembro-me de aparecer na primeira reunião de oração que acontecia no sábado de manhã. Meus olhos estavam vermelhos e inchados por acordar cedo demais em um fim de semana e eu estava pronto para a reunião terminar antes mesmo de começar. Quando nos reunimos na igreja, apenas nós três, presumi que todos iriam se sentar juntos, ouvir a oração uns dos outros e nos revezar orando. Não com esses caras. Eles oravam ao mesmo tempo, em voz alta, e não estavam muito interessados em ouvir as outras pessoas orando. "Ok, acho que vou orar em voz alta por duas horas com eles", pensei. Isso não seria muito difícil, especialmente porque eu tinha um plano infalível: disse a mim mesmo que simplesmente oraria por tudo que me viesse à mente e que me absteria de olhar para o relógio. Presumi que, se eu fizesse essas duas coisas, as duas horas de oração terminariam antes que eu percebesse.

Comecei a orar fervorosamente e em voz alta por todas as pessoas da minha vida e por tudo o que eu conseguia pensar sobre meus entes queridos. Parecia que ia durar para sempre e comecei a ficar preocupado por termos orado mais do que a marca de duas horas. Eu sei que prometi não olhar para o meu relógio até que eles dissessem que tinha acabado, mas eu estava convencido de que eles perderam a noção do tempo. Então olhei para o meu relógio esperando que fosse por volta das 8:00 da manhã.

Sete minutos se passaram.

Meu coração palpitou.

“Esta reunião de oração terminará algum dia??” Eu pensei.

Senti-me desanimado, mas decidi voltar ao meu plano original, continuar orando por tudo e por todos que me vinham à mente, sem olhar para o relógio até que me dissessem que tinha acabado. Então comecei a orar novamente e finalmente me perdi em minhas orações. Eu estava orando por pessoas que eu não via desde o ensino médio e a infância. Eu estava orando pelas pessoas que vi nos canteiros de obras em que trabalhei. Eu estava orando por todos! Depois que senti que tinha esgotado tudo e todos por quem orar, comecei a me preocupar novamente por termos orado por muito tempo e olhei para o meu relógio.

Apenas mais cinco minutos se passaram.

Agora eu estava com raiva.

Comecei a orar de forma diferente depois disso. Meu próximo pedido foi: "Deus, por favor, me mate agora. Prefiro morrer a orar por mais uma hora e 48 minutos".

Talvez eu não fosse tão espiritual quanto pensava.

Eventualmente, a reunião de oração acabou, e eu estava exausto, frustrado e sem sombra de dúvida não havia me divertido. Eu pensei que definitivamente não voltaria novamente, porque foi uma experiência muito ruim. Ao encerrarmos em oração juntos, meus amigos olharam para mim e disseram: "Foi ótimo Jordan. Você vai voltar na próxima semana?" "Sim com certeza!" Eu disse. Aparentemente o meu desejo de agradar as pessoas, aliado ao meu espírito competitivo e o meu jeito tolo e arrogante de ser não me permitiam dizer não. Mais uma vez, eu tinha uma reputação a zelar! Orar por tanto tempo parecia uma coisa boa, e se esses caras conseguiam, com certeza eu também conseguiria.

Voltei na semana seguinte para orar com eles e posso dizer com confiança que não foi mais fácil ou agradável do que da primeira vez. Saí me sentindo desanimado, frustrado e exausto mais uma vez.

Mas a coisa sobre a oração é que é como construir um músculo. Quando você vai à academia e tenta se exercitar, usando os mesmos pesos que você vê outros frequentadores de academia levantando, você assume que deve ser fácil para você também! Qualquer pessoa que começou a se exercitar saberá que isso simplesmente não é verdade. Nas primeiras vezes que vai à academia você sente que não está progredindo. Às vezes você fica tão dolorido que parece que está se movendo para trás e ficando mais fraco! Mas com consciência e crença de que é a coisa certa a fazer pelo seu corpo, você persevera. Eventualmente, você se encontra fazendo avanços com seu corpo e ficando mais forte.

Levei muito tempo, mas continuei perseverando com esses caras, e eles continuaram me desafiando a orar com eles. Começava com duas horas todos os sábados de manhã e muitas vezes chegava a quatro horas. Levei cerca de seis meses orando consistentemente com eles antes de poder desfrutar de toda a reunião. Mesmo assim, nem sempre foi fácil, mas Deus me deu a graça de entender que eu precisava e me ensinou a ser mais comprometido com a oração do que jamais pensei ser possível.

Uma das belas alegrias dos nossos momentos de oração era que sempre terminávamos orando uns pelos outros. Nós orávamos por carreiras, educação, futuros cônjuges e quaisquer outros pedidos pessoais que surgissem ao longo do tempo. Através dessas reuniões de oração de sábado de manhã, vimos Deus realizar muitos milagres e provisões. Tivemos vários outros jovens vindo e se juntando a nós de vez em quando para orar. Depois de orarmos por seus pedidos pessoais, vimos Deus provendo-os de maneiras surpreendentes. Quer fosse uma namorada com quem eles acabaram se casando, um novo emprego ou a entrada em programas universitários, Deus parecia dar graciosamente quase tudo pelo que oramos. A parte engraçada e meio triste foi que, uma vez que esses caras conseguiam o que oramos por eles, nunca mais os víamos. Éramos praticamente só nós, os "Três Amigos", orando todos os sábados juntos, com uma porta giratória de outros jovens entrando para serem abençoados e depois indo embora!

Um dos pedidos de oração mais comuns que eu fazia para os caras era sobre a minha carreira de corretor. Desde que voltei para casa, eu não apenas tinha o homem do meu acampamento bíblico querendo me contratar como um dos seus corretores, mas também tinham mais dois corretores de imóveis que também eram cristãos e extremamente bem-sucedidos - um deles foi inclusive considerado o melhor do Canadá em um determinado ano por sua corretora - que moravam perto da casa dos meus pais e estavam dispostos a me colocar sob suas asas para me ajudar a me tornar um empresário de sucesso.

Parecia que todas essas grandes oportunidades estavam surgindo ao meu redor e eu não sabia mais quem escolher! Todos os sábados, os caras oravam para que Deus me conduzisse em minha carreira e escolhesse o melhor corretor de imóveis para meu crescimento e futuro. Deus acabou respondendo nossas orações para guiar minha carreira de uma forma que eu nunca teria imaginado.

Quando terminei meu curso de licenciamento imobiliário, cheguei ao ponto de precisar escolher qual corretor de imóveis eu queria me orientando. Resolvi escolher o mesmo que estava trabalhando com meu melhor amigo. Passamos uma noite em oração, pedindo a Deus que nos mostrasse se deveríamos começar a vender imóveis como em uma espécie de sociedade ou fazê-lo individualmente. Enquanto orávamos sobre nossa amizade e a possibilidade de começarmos um negócio juntos, meu melhor amigo disse que Provérbios 18 lhe veio à mente. Lemos esse capítulo e o último versículo diz: "Quem tem muitos amigos pode chegar à ruína, mas existe amigo mais chegado que um irmão". Nós dois soubemos imediatamente que este versículo se referia a nossa amizade. Não sabíamos o que fazer com isso, mas assumimos que se nossa amizade fosse ainda mais próxima do que sermos irmãos, vender imóveis juntos só poderia ser uma coisa boa! Meu melhor amigo escolheu um corretor de imóveis e decidimos que venderíamos com ele juntos. Falei com o corretor de imóveis, concordei em começar a vender com ele, e logo depois voltei para o acampamento bíblico e me ofereci como voluntário por uma semana. Eu também queria ver alguns dos meus antigos mentores para atualizá-los sobre meu progresso com o setor imobiliário e compartilhar sobre as grandes oportunidades que surgiram.

Capítulo 12:

Seguindo O Caminho De Deus

Quando voltei ao acampamento, tive uma enxurrada de emoções me dominando. Toda a alegria e sentimento de vitória pelo ano que passei trabalhando lá, aliado ao sentimento de estresse e o peso dos erros que cometi enquanto liderava. Estava tão emocionado que decidi ficar na minha cabana e passar algum tempo orando e lendo a bíblia para poder acalmar meu coração.

Um dos meus mentores, chamado Sid, soube que eu havia chegado ao acampamento. Ele era alguém que estava confiante de que Deus havia me chamado para ser pastor pelo que ele havia sido capaz de observar enquanto eu trabalhava como diretor. Então, quando ele soube que eu estava lá, ele começou a andar pelo acampamento gritando: "OUVI QUE O PASTOR ESTÁ AQUI! ONDE ESTÁ O PASTOR? ESTOU PROCURANDO O PASTOR!" Ao ouvir sua voz, comecei a rir sozinho e pensei: "Oh meu Deus, é melhor ele não estar se referindo a mim, porque ele sabe que deixei o ministério para trás para poder entrar no setor imobiliário". Assim que ele entrou na minha cabana, me viu sentado na minha cama lendo a bíblia. "Ali está ele!" gritou em minha direção, "e é claro que ele está lendo a bíblia, porque é isso que os pastores fazem!"

Ei Sid" eu disse sorrindo. "Estou ansioso para atualizá-lo sobre meu progresso imobiliário!" "Ah, não se preocupe", disse ele, "vou sentar com você esta semana e vamos ter uma intervenção". Eu ri. Achei engraçado como ele tinha certeza de que eu deveria ser um pastor. Eu mal podia esperar para contar a ele sobre todas as oportunidades de negócios incríveis que eu estava tendo, e os homens de negócios piedosos que estavam animados para me colocar sob suas asas e me ensinar como me tornar um rico empresário cristão assim como eles. Ele definitivamente mudaria de ideia quando ouvisse sobre as maravilhosas provisões que Deus estava trazendo em minha vida!

Alguns dias depois, ainda naquela semana, Sid me chamou para me sentar com ele para que pudéssemos finalmente ter nossa intervenção. "Aqui vamos nós!" Pensei, animado para provar a ele de uma vez por todas que fui chamado para ser empresário em vez de pastor.

Ele começou a conversa dizendo: "Jordan, acho que você está cometendo um grande erro". Pude sentir um pouco da alegria esvaindo do meu corpo quando senti a seriedade contida em sua voz. "Quando vi você liderar o acampamento bíblico no ano passado, você estava longe de ser perfeito e claramente não tinha talento para lidar com a programação. Mas Jordan, raramente vi um jovem da sua idade com tanto talento em liderança espiritual e pastoreio quanto o que vi em você!" Fiquei encorajado e com o coração um pouco partido com aquelas palavras. Eu tinha apenas três anos seguindo a Cristo quando liderei o acampamento bíblico, mas aparentemente Deus havia feito coisas através de mim que eu nem tinha ideia, porque simplesmente assumi que eu havia sido um fracasso! Sid continuou: "A igreja está necessitando que jovens na sua idade assumam o manto para pastorear a próxima geração. A geração mais velha está começando a se aposentar, as igrejas estão fechando, e precisamos que os jovens se levantem e comecem a treinar e crescer como líderes da igreja".

Lá estava eu, imaginando que teríamos uma conversa amigável e cheia de brincadeiras como era comum em nosso relacionamento, mas o nosso diálogo rapidamente tomou um rumo profundo, convincente e desafiador.

Quando Sid terminou de compartilhar o seu ponto de vista, ele me perguntou o que eu achava de tudo isso. Comecei a contar a ele sobre minha paixão pelos negócios, o entusiasmo que sentia por trabalhar com homens de sucesso que amavam Jesus e que eram capazes de doar milhões para financiar igrejas e organizações missionárias, disse também que me sentia chamado a fazer o mesmo. Ainda que concordasse com a sua observação sobre a necessidade de uma juventude ser levantada para liderar, e por mais encorajadoras que fossem suas palavras sobre o dom pastoral que ele via em mim, eu ainda estava convencido de que Deus me queria no mundo dos negócios. Eu conseguia me enxergar trabalhando no mundo secular, compartilhando as boas novas de Jesus por meio dos negócios e financiando organizações cristãs. Por fim, eu disse a Sid: "Obrigada, mas não. Agradeço a sua preocupação, mas não acho que o ministério pastoral seja o meu chamado". Sid parecia um pouco desanimado, mas sorriu e disse: "Jordan, tudo bem. Estou feliz que você se sinta confiante no que você é chamado. Apenas me prometa que você nunca vai parar de buscar Jesus em primeiro lugar em todas as coisas, ok?" "Claro Sid!" Eu respondi.

Saí daquela breve reunião com o coração partido e muito mais confuso do que esperava. Sid foi um mentor e uma figura de liderança muito importante na minha vida. Suas palavras tinham muito peso porque eu confiava em seu discernimento e piedade. Entrei naquela conversa pronto para contar a ele sobre o quão grande a obra de Deus havia sido em minha vida e as enormes oportunidades que eu estava encontrando para minha carreira nos negócios. Saí com a sensação de que meu coração foi rasgado em pedaços. Voltei para minha cabana e processei as emoções profundas que estava sentindo mais uma vez.

Não demorou muito para que toda a empolgação que eu sentia em vender imóveis voltasse, o que me fez quase esquecer a intervenção que tivemos. Deixei o acampamento bíblico alguns dias depois para ver minha família em nossa cabana.

Quando cheguei, comecei a conversar com minha tia e meu tio. Meu tio foi uma das pessoas a quem pedi uma recomendação sobre qual faculdade bíblica deveria frequentar e se eu deveria ou não ser um diretor no acampamento bíblico, e ele apoiou ambos. Ele disse à minha mãe um dia que tinha quase certeza de que eu me tornaria pastor porque as pessoas normalmente não são tão apaixonadas por seu relacionamento com Jesus na minha idade. Geralmente, ele disse, é um sinal de algo único que Deus está fazendo para preparar essa pessoa para o ministério.

Enquanto conversava com minha tia sobre minhas excitantes perspectivas em relação a minha carreira de corretor de imóveis, estava esperando que ela se alegrasse comigo e afirmasse que eu tinha talento para o mundo dos negócios. Em vez disso, ela começou a me questionar: "Jordan, você tem um grande potencial acadêmico?" Ela perguntou, "O que isso tem a ver com a conversa?" Eu me questionei. Parecia que aquela era uma pergunta importante já que ela sabia que eu havia sido adiantado na escola quando eu era criança e havia tirado notas altas durante o meu primeiro ano de faculdade. "Um pouco" respondi, "Por que?" "Bem, eu estava pensando," ela disse, "Já que você tem facilidade nos estudos, talvez você deva considerar terminar o seu curso na faculdade bíblica antes de entrar no mercado imobiliário. Será muito mais difícil para você voltar e obter o seu diploma quando estiver administrando seu próprio negócio."

"Você está brincando comigo?" Eu pensei. Comecei a me sentir agitado e a ficar na defensiva. Porque minha tia, que nunca havia comentado sobre nenhuma das minhas decisões educacionais ou de carreira antes, estava me desafiando a abandonar o setor imobiliário por um tempo, mesmo diante das inúmeras oportunidades incrivelmente grandes, oportunidades estas que poucas pessoas em seus vinte e poucos anos conseguem! Eu disse a ela "Eu agradeço a sugestão, mas não quero fazer isso! Aprendi o que precisava durante o meu primeiro ano na faculdade e não quero adiar essas oportunidades de negócios por mais três anos para obter uma educação que não irá ajudar na minha carreira." Aproveitei o resto do meu tempo na cabana, mas saí de lá um pouco desanimado. Parecia que as pessoas mais próximas a mim não estavam tão empolgadas com a perspectiva de eu ficar rico em uma idade jovem quanto tantos outros estavam.

Depois de passar aquela semana na cabana, decidi terminar as minhas curtas férias com um final de semana em um retiro espiritual da minha igreja. Este não era um retiro espiritual normal, mas era repleto de jejum, oração durante toda a noite e a presença de pastores com dons proféticos, além de outras atividades espirituais intensas. Era um fim de semana destinado a buscar a Deus e também avançar na vida.

Eu estava muito animado para este retiro. Era algo que acontecia todos os anos na minha igreja e eu já havia ouvido falar sobre as incríveis transformações e as palavras proféticas que as pessoas receberam nas edições anteriores. Confesso que entrei naquele fim de semana esperando ser reafirmado em meu chamado para me tornar um empresário de sucesso. Eu queria me sentir revigorado e pronto para começar minha carreira no setor imobiliário com meu melhor amigo logo após o fim deste final de semana.

Na primeira noite em que cheguei lá, uma mulher aleatória veio até mim e disse: "Desculpe incomodá-lo, sei que você não me conhece, mas tenho uma palavra de Deus para lhe entregar. Por favor, venha me encontrar depois do culto." Ela parecia legal e uma pessoa normal, mas eu imediatamente pensei: "Ok, isso é estranho!" Eu nunca tinha experimentado algo assim antes, e a última coisa que eu queria fazer era acreditar que alguém iria dizer algo da parte de Deus e que isso não seria verdade. Eu disse a ela que conversaríamos depois do culto, e orei pedindo que Deus me desse discernimento para saber se o que ela tinha para compartilhar era realmente algo dEle ou não.

Depois que o culto acabou eu não fui procurá-la. Achei que seria mais fácil evitá-la e não ter que me preocupar em discernir o que ela iria entregar. Presumi que não era de Deus de qualquer maneira, porque as poucas vezes em que as pessoas profetizaram sobre mim antes, o que eles disseram não parecia fazer sentido. Ela acabou vindo me encontrar. Eu acho que ela estava confiante que o que ela tinha a dizer era de Deus. Orei novamente quando ela veio, pedindo a Deus discernimento.

Ela começou dizendo: "Isso pode parecer estranho, não faço isso com frequência, mas quero explicar a você por que tenho essa palavra". "Ok," eu disse educadamente, fazendo graça com ela.

"Há cerca de uma semana, sonhei com um farol no nevoeiro. Eu não tinha ideia do que isso significava ou para quem era a mensagem" Ela compartilhou: "Perguntei o significado a Deus na manhã seguinte e ao longo dos próximos cinco dias, Ele lentamente me revelou diferentes aspectos do sonho e os seus significados. Depois que entendi do que se tratava o sonho, perguntei a Deus para quem era. Deus me disse claramente que era para um jovem que eu encontraria no final de semana durante o retiro espiritual, e que Ele me mostraria quem era o rapaz quando eu chegasse lá. Esperei pacientemente e ao chegar aqui me deparei com dezenas de rapazes. Eu não fazia ideia de quem poderia ser! Mas cada vez que eu perguntava a Deus se era algum dos jovens que eu estava vendo, Ele continuava dizendo que não. Comecei a me perguntar se era realmente para alguém ali ou não. Mas então, assim que eu te vi, as palavras "é esse!" dispararam em minha mente. Então, basicamente, estou lhe entregando esta palavra pela fé e, por favor, deixe-me saber se ela faz sentido." "Uau, isso foi algo bem específico", pensei, "pode haver algum potencial nisso, afinal!" No fundo, comecei a ficar um pouco animado, esperando que ela dissesse algo sobre Deus estar me chamando para os negócios, e o quanto Ele queria me abençoar nisso. "Sou todo ouvidos!" Eu disse a ela. Ela havia escrito esta palavra profética para mim e começou a explicá-la.

A palavra era sobre eu ser chamado para compartilhar as boas novas de Jesus com pessoas que não acreditam em Deus. Tudo parecia estar certo até que ela chegou aos passos práticos. Ela terminou dizendo que "Deus estava me chamando para ser treinado em sua palavra na faculdade bíblica e fazer parte do ministério".

Senti meu coração afundar.

O que estava acontecendo para que todo mundo dissesse que fui chamado para o ministério? Isso era tão estúpido.

Ela também escreveu o versículo de Efésios 3:20 no papel em que estava a profecia e disse que era a palavra que Deus havia dado para me guiar no caminho de ser um líder na igreja.

Ela então me perguntou: "Isso faz sentido para você?" Fiquei chateado novamente. Não era culpa dela, ela estava apenas compartilhando o que sentiu que Deus lhe dizia. Mas eu estava convencido de que ela não havia realmente ouvido aquilo da parte de Deus. Eu disse a ela que guardaria aquela profecia e pensaria a respeito. Agradeci e fui para cama.

Cheguei ao quarto em que estava com meus dois companheiros de oração e contei a eles sobre a profecia. Eles estavam empolgados por mim, mas eu estava longe de estar empolgado com isso. Senti profunda confusão, frustração e tristeza. Comecei a chorar enquanto orava, pois não tinha ideia do porquê de todas aquelas pessoas estarem me dizendo que eu tinha sido chamado para o ministério.

Dormi bem, acordei cedo para orar um pouco mais com um grupo de pessoas e me preparei para as sessões de adoração e ensino daquele dia. A igreja havia convidado um pastor de Gana que era dotado do dom de profecia e eu estava ansioso com a ideia de ter ele profetizando sobre a minha vida. Aparentemente, ele era poderosamente usado nessa área e muito preciso em tudo o que revelava sobre as pessoas.

Com o passar do dia, o pastor começou a profetizar sobre vários jovens. Eu o escutei dizer para alguns que Deus os tornaria extremamente ricos, além do que eles poderiam imaginar, e que o Senhor queria que eles usassem esse dinheiro para financiar agências missionárias e construir igrejas ao redor do mundo. Quando o ouvi dizer isso, fiquei muito empolgado porque presumi que ele profetizaria a mesma coisa sobre a minha vida. Quando subi mais tarde para receber oração, o pastor veio até mim e ficou lá por 10 segundos apenas olhando para mim enquanto todo mundo estava assistindo. Ele não tinha feito isso com mais ninguém ainda, então eu estava me perguntando se ele tinha uma profecia extra especial para mim. Talvez eu fosse chamado para ser um bilionário quando todos os outros caras foram chamados para serem milionários! Depois de olhar para mim, o pastor colocou a mão na minha cabeça e disse: "Deus o chamou para liderar um ministério com o coração de servo e ser treinado em sua palavra!" Ele me abençoou e seguiu em frente.

Você está brincando comigo?

Ele estava realmente falando sério?

Aparentemente, ele não ouviu nada da parte de Deus, porque se tivesse ouvido ele saberia que esse não é o meu chamado!

Saí daquele momento com raiva e desiludido. "Essa coisa toda de profecia é uma piada", pensei.

Quando eu estava saindo do culto, um grupo de mulheres mais velhas da igreja se reuniu ao meu redor e disse "Jordan! Ouvimos a profecia que você recebeu e o tempo extra que o pastor passou com você. Você é chamado para o ministério! Você não está animado? Isso é uma grande honra!" Eu balancei minha cabeça e fui dar uma caminhada para limpar minha mente.

Isso estava começando a não fazer sentido para mim. Eu gastei centenas de horas, milhares de dólares e recebi várias grandes oportunidades de ganhar muito dinheiro como corretor de imóveis, aos 21 anos. Meu favor no mundo dos negócios era tão claro, eu estava recebendo tudo pelo que orava, e agora quatro pessoas nas últimas semanas me disseram que achavam que eu tinha sido chamado para o ministério. Dois deles eram completos estranhos que aparentemente estavam "profetizando" sobre mim!

Eu precisava refletir um pouco mais sobre isso, porque claramente algo sobrenatural poderia estar acontecendo aqui. Passei os dias seguintes orando, jejuando e lendo as escrituras, enquanto trabalhava na construção no calor do verão. Eu não aconselharia você a fazer isso. Eu cortei meu jejum depois de quase desmaiar algumas vezes durante o meu dia de trabalho.

Liguei para um dos meus mentores da igreja, um homem que tem o dom da profecia e que havia profetizado muitas coisas em minha vida que se tornaram realidade, e apresentei todo o meu dilema a ele. Tanto o favor no mundo dos negócios que eu estava recebendo, quanto todas as pessoas que haviam dito que eu tinha sido chamado para o ministério.

Ele olhou para mim, estendeu as duas mãos e disse: "Jordan, aqui está a situação". Ele apontou para a mão direita: "Você pode entrar no mundo dos negócios. Deus irá te abençoar. Você será bem-sucedido e rico, e fará muitas coisas boas com seu dinheiro. Você também terá a bela casa nova que sempre desejou, além dos carros esportivos e os veículos de luxo que tanto deseja. Você possuirá todas essas coisas boas e poderá compartilhar as boas novas de Jesus com muitas pessoas com quem trabalha, mas também passará muito de sua vida mantendo as coisas que compra e ganhando dinheiro, e isso levará muito do seu tempo." Eu balancei a cabeça. "Ou," ele disse, apontando para sua mão esquerda, "você pode ir para o ministério em tempo integral. Você pode confiar que essas são palavras de Deus e que Ele está tentando chamar sua atenção para lhe mostrar que este é o plano que Ele deseja para você. Você passará pelo menos 40 horas da sua vida toda semana falando às pessoas sobre Jesus, ajudando-as a crescer em seu relacionamento com Ele, edificando a igreja e trazendo grandes mudanças e reformas. Você não terá nenhuma das coisas boas que teria como empresário, sua vida será mais simples, mas Deus proverá o que você precisa." Ele então estendeu as duas mãos representando os diferentes caminhos da vida. "Qual deles você deseja, Jordan? Deus vai abençoá-lo em ambos."

Nesse momento, algo mudou. Foi como se as profundezas do meu coração fossem reveladas para mim. No fundo eu sabia que queria estar no ministério. De qualquer forma, tudo o que eu desejava no mundo dos negócios era focado nisso; eu queria compartilhar o evangelho com clientes e construir negócios que empregassem pessoas que não conheciam Jesus, para que pudesse tratar essas pessoas extremamente bem e levá-las a Cristo por meio do meu exemplo. Também me tornei consciente de como eu poderia ser materialista e do meu desejo de ter um carro novo, possuir várias propriedades, ser capaz de viajar pelo mundo aos 20 anos e poder impressionar as pessoas com a minha riqueza. Eu tinha motivos profundamente mistos que simplesmente neguei desde que deixei o ministério para entrar no setor imobiliário. Quando conversei com todos sobre minha mudança da faculdade bíblica para o mundo dos negócios, me fiz parecer um cristão idealista que não estava entrando nos negócios para ganho próprio, mas, no fundo, isso era uma grande parte. Eu finalmente fui capaz de ver as razões por trás desse desejo de forma mais honesta. Ao olhar para as mãos do meu mentor, apontei para sua mão esquerda, representando o ministério, e disse: "Eu escolho o caminho que Deus quer que eu siga". Ele sorriu, acenou com a cabeça e disse "Boa escolha".

No final de semana seguinte a essa conversa, eu estava terminando de servir na minha igreja quando uma senhora aleatória, que eu nunca havia visto antes, correu até mim e chamou minha atenção. "Com licença!" Ela disse: "Desculpe, você não me conhece porque sou nova aqui, mas vi você servindo na semana passada e Deus me deu uma palavra para compartilhar com você. Não consegui encontrá-lo após o culto, então estou feliz que você esteja aqui novamente hoje." "Oh cara, aqui vamos nós de novo!" Eu pensei enquanto sorria. "O que você gostaria de compartilhar?" Eu perguntei. "Deus me disse para lhe dizer que você foi chamado para entrar no ministério e que você precisa voltar para a faculdade bíblica. Isso faz algum sentido para você?" Eu ri alto. "Sim. Você é a quinta pessoa em um mês que me diz isso. Obrigado por ouvir a Deus com precisão e compartilhar essa palavra comigo!" Eu disse.

Sim Deus, eu entendi de forma clara e direta.

Capítulo 13:

O Caminho Colocado Diante De Mim

Deixar meus sonhos imobiliários e empresariais não foi fácil. Eu estava animado em tomar essa nova direção, mas também nervoso. Eu já havia investido muito tempo e recursos em imóveis, e tinha estabelecido muitas relações e conexões emocionais. Eu havia acabado de dizer ao meu melhor amigo e ao corretor de imóveis para quem eu iria vender que eu começaria a trabalhar em tempo integral. Ambos estavam muito animados com isso, especialmente meu melhor amigo já que iríamos começar a trabalhar juntos. Ao invés disso, voltei das minhas férias com a notícia de que teria que largar o mundo dos negócios, já que Deus havia me chamado para retornar à faculdade bíblica e ao ministério em tempo integral. Quando eu contei para o corretor de imóveis, ele ficou em êxtase, porque era um homem muito espiritual. Ele adorou a clareza com que Deus falou comigo sobre meu chamado e me animou em relação a minha decisão. Meu melhor amigo ficou chocado e confuso. Tínhamos investido muito um no outro e havíamos feito grandes planos para conquistar o mundo juntos. E agora que ele havia começado a vender casas, eu estava deixando o barco. Eu tinha sido uma das pessoas que o encorajou a buscar entrar no mercado imobiliário, havia criado expectativas sobre vendermos juntos e agora estava deixando tudo para trás. Foi um grande golpe na nossa amizade.

Felizmente, meu melhor amigo também é um homem muito espiritual e só precisava lidar com as próprias emoções. Na época, ele nunca tinha visto alguém ser chamado por Deus para fazer algo do jeito que eu fui. Definitivamente, parecia uma decisão vinda do nada. Após conversar com alguns dos seus mentores sobre isso, ele aceitou o chamado que Deus tinha para mim. Desde então, ele se tornou um dos meus maiores apoios no ministério.

Levei quase um ano inteiro para estar em paz com as mudanças que Deus fez. Eu estava muito envolvido emocionalmente com minha carreira no setor imobiliário e foi muito difícil dar adeus aos meus planos de conquistar um estilo de vida que meu coração ansiava. Tive que gastar todo o dinheiro que ganhei com os negócios para pagar a faculdade e iria seguir uma carreira que está longe de ser lucrativa. Ainda mais profundo do que isso, lamentei não poder trabalhar com meu melhor amigo. Na minha opinião, teríamos uma parceria de negócios que duraria durante toda a vida.

Quando saí do setor imobiliário, tive que me inscrever novamente na faculdade bíblica. Eu havia economizado cerca de 15.000 dólares para ter recursos para o início da minha carreira. Agora todo esse dinheiro teria que ser destinado para pagar as minhas despesas e mensalidades.

Eu concordei em seguir o ministério pelo que senti Deus me dizendo através de todas as pessoas que se aproximaram de mim. Um dia eu disse a Deus em oração: "Ok Deus, o Senhor me tirou de uma carreira lucrativa para uma onde eu não vou ganhar muito dinheiro. Por essa razão, peço que cubra todas as minhas necessidades financeiras enquanto estiver na faculdade bíblica. Não quero trabalhar um único dia durante o ano letivo para poder me concentrar em meus estudos e adquirir experiência como líder voluntário na igreja. "Eu também não quero fazer nenhum empréstimo estudantil para que eu possa me formar sem dívidas." Fui bastante franco e ousado com meus pedidos a Deus, e estava confiante de que Ele responderia a essa oração. Parte da minha confiança vinha do fato de eu presumir que meus pais pagariam todas as minhas mensalidades e que eu tinha economizado uma boa quantia que agora poderia usar para despesas de subsistência. Acho que pensei que Deus não precisava prover muito para mim, afinal!

Meus pais haviam economizado dinheiro para financiar os meus estudos e o dos meus irmãos e tinham pagado todo o meu primeiro ano de faculdade. A faculdade bíblica era cerca de duas vezes mais cara que a universidade pública, mas nenhum dos meus irmãos fez o ensino superior, então imaginei que conseguiria todos os fundos da faculdade e pagaria facilmente todas as parcelas. Minha suposição era que meus pais pagariam todas as minhas mensalidades e eu só precisaria pagar as despesas de moradia. Cerca de algumas semanas antes do início das aulas, quando chegou a hora de realizar o primeiro pagamento, fui até minha mãe e disse: "Ei, os pagamentos da faculdade são necessários agora. Você e papai poderiam me entregar o dinheiro que vocês separaram para pagar a minha mensalidade desse ano?" Ela me olhou um pouco surpresa e disse: "Oh, Jordan, verifiquei seus fundos de educação e infelizmente não temos muito dinheiro para pagar suas mensalidades. Eles disseram que há apenas cerca de 1.500 dólares restantes."

Eu congelei.

Espere, mas como vou ser capaz de pagar a faculdade bíblica pelos próximos 3 anos quando só tenho 15.000 dólares e meus pais só têm 1.500 dólares para mim? Isso mal cobrirá as mensalidades do meu primeiro ano, sem mencionar as despesas de moradia!

Fui até minha mãe e disse: "Temos um problema. Eu não posso pagar este ano se vocês tiverem apenas 1.500 dólares reservados para os meus estudos. Precisamos orar agora para que Deus multiplique o dinheiro!"

Minha mãe se sentiu mal pela situação, pois ela percebeu que eu estava estressado. Ela disse: "Desculpe Jordan, não há nada que possamos fazer". Agarrei-a, puxei-a para perto de mim e disse: "Vamos orar!"

Orei por 10 segundos, agradecendo a Deus por quem Ele era, e pedindo-lhe para multiplicar milagrosamente o dinheiro que estava separado para os meus estudos. Sorri para minha mãe, assegurando que Deus estava no controle e falei que deveríamos esperar e ver o que Ele iria realizar.

Alguns dias depois minha mãe veio até mim com um enorme sorriso no rosto: "Jordan, você não vai acreditar!" Ela disse. "O que foi mamãe??" Eu perguntei. "Liguei para acessar os fundos destinados aos seus estudos, eles analisaram e disseram que cometeram um erro na primeira vez que conversamos. Não havia apenas 1.500 dólares, na verdade tinham 2.500 dólares na conta!" Fiquei feliz em ouvir isso, mas sabia que estava longe de ser o quanto eu realmente precisava para me manter sem ter que trabalhar durante o ano letivo. "Isso é incrível mãe! Veja, Deus responde às orações!" Conclui que um extra de 1.000 dólares é definitivamente melhor do que nada e continuei esperando.

Mais alguns dias se passaram e minha mãe veio até mim novamente com um sorriso ainda maior no rosto. "O que foi dessa vez, mãe?" Eu perguntei. "Jordan, o pessoal do banco ligou novamente e disse que encontraram algum outro dinheiro que não esperavam. Acontece que você não tem apenas 2.500 dólares para a faculdade, mas também tem mais 3 pagamentos de 2.500 dólares depois disso! Há 10.000 dólares para você no total!"

Fiquei em choque.

Eu corri para o meu quarto, me deitei no chão e chorei. Agradeci e louvei a Deus por sua graça e por prover para mim. Aparentemente, Ele me levou a sério quando lhe disse que precisava que Ele me sustentasse, para que eu pudesse estudar em tempo integral e não ter que trabalhar durante o ano letivo.

Esse foi um dos sinais que Deus deu que mais confirmou que Ele tinha realmente um chamado ministerial para mim e que eu deveria voltar a estudar. Dito isto, eu teria que ter cerca de 35.000 dólares para pagar as mensalidades nos próximos três anos e ter em torno de 30.000 dólares para outras despesas. Se você é bom em matemática, saberá que, mesmo com minhas economias e meu fundo estudantil, eu não tinha nem metade do que eu precisava para os próximos três anos! Além disso, trabalhar com construção apenas durante as férias de verão e inverno não chegava nem perto dos 40.000 dólares necessários para que eu não me endividasse durante o meu curso.

Para encurtar a história, nos três anos seguintes, Deus proveu milagrosamente de outras maneiras. Eu tive meu 2º ano de faculdade coberto por Deus através da multiplicação do dinheiro que meus pais haviam reservado para os meus estudos. Então, um doador generoso, que eu ainda não conheci, cobriu minhas mensalidades do 3º e 4º anos em troca de quatro meses de trabalho, dois meses a cada verão entre meus últimos anos de escola. No final da faculdade bíblica, me formei com mais de 1.000 dólares na minha conta, absolutamente nenhuma dívida, e não tive que trabalhar um único dia durante meus 3 anos de estudos em tempo integral. Em vez disso, pude me dedicar ao voluntariado na liderança da igreja e me concentrei intensamente em meus estudos. Deus providenciou exatamente o que eu precisava e me preparou para o sucesso ao sair da faculdade bíblica.

Por meio de uma das oportunidades de trabalho de verão que tive, fui enviado para uma pequena cidade perto de Saskatoon, na província de Saskatchewan. Durante meu tempo lá, tive uma experiência na qual parecia que Deus havia, literalmente, colocado um caminho diante de mim!

Durante uma das semanas em que trabalhei lá, um jovem da Alemanha veio ajudar no projeto de construção em que estávamos trabalhando. Ele havia acabado de retornar à fé cristã depois de duvidar dela durante sua adolescência e início da vida adulta. Ele ainda estava um pouco cético sobre tudo isso, mas desejava crescer em fé. Tivemos um dia de folga e eu o levei para a cidade de Saskatoon para explorar o que ela tinha a oferecer. Enquanto estávamos dirigindo para a cidade, perguntei a ele o que ele queria fazer e comecei a propor coisas que eu poderia mostrar a ele. Por alguma razão, a palavra "galeria de arte" continuava vindo à mente. Isso foi muito estranho porque eu nunca tinha ido a galerias de arte antes, nem me considero um artista em nenhum sentido. Como eu propus isso a ele, ele estava disposto a ir, mas não muito animado. Eu realmente não tinha outras ideias, então procurei a galeria de arte de Saskatoon, apenas para descobrir que estava permanentemente fechada. Eles haviam fechado o prédio antigo e ainda não tinham terminado de construir o novo. Fiquei meio chateado porque queria levar esse jovem a algum lugar onde eu pudesse compartilhar o evangelho, para que ele pudesse ser encorajado a viver sua fé de forma mais intensa. Eu pensei que talvez Deus tivesse colocado a palavra "galeria de arte" em minha mente para nos levar sobrenaturalmente a um encontro com alguém lá para compartilhar as boas novas de Jesus. Por mais estranha e anormal que a palavra "galeria de arte" fosse para mim, percebi era fruto da minha própria mente.

Depois que não conseguimos pensar em nada específico para fazer, decidimos apenas passear pela cidade e conferir o centro porque estava um lindo dia de verão.

Tivemos um passeio incrível e ambos compartilhamos nossas histórias. Nós dois fomos encorajados pelo trabalho que Deus havia feito na vida um do outro, e ele ficou especialmente encorajado ao ouvir sobre as coisas sobrenaturais que Deus havia feito em minha vida. Ele nunca havia conhecido alguém que se tornou cristão depois de passar a maior parte da vida como descrente. Ele também nunca tinha experimentado nada sobrenatural, então achou essas partes da minha história fascinantes.

Presumi que talvez a melhor coisa para nós naquele dia fosse caminhar e encorajar um ao outro com nossos testemunhos. Depois de caminharmos por mais de uma hora, sugeri que voltássemos para o meu carro e saíssemos para voltar para a pequena cidade em que estávamos hospedados.

Quando começamos a virar no caminho em que estávamos, notei com o canto do olho um prédio bonito, moderno e com arquitetura única, escondido nas árvores. Ele ficava localizado em um caminho diferente do que estávamos, mas sugeri que tomássemos esse novo caminho para poder ter uma mudança de cenário e para que pudéssemos ver aquele prédio. Fiquei intrigado com a arquitetura e curioso sobre o que se tratava. Enquanto caminhávamos até o prédio, reparei que não havia ninguém ao redor e parecia vazio. Aparentava ser muito legal, então cheguei perto para ver o que era e finalmente notei uma placa desgastada que dizia: "Galeria de Arte"

Eu senti um misto de esperança e excitação correndo pelo meu corpo. Não esperava chegar a uma galeria de arte, e comecei a me perguntar: "Será que Deus realmente queria que fossemos nesse lugar?" Eu disse ao meu amigo que deveríamos entrar porque havíamos conversado sobre ir a uma galeria de arte mais cedo naquele dia e também falei: "Quem sabe Deus tenha reservado algo para nós aqui?" Sua curiosidade foi aguçada e nós entramos.

Quando entramos, estava completamente vazio e muitas portas estavam trancadas. A única pessoa lá era uma indiana de meia idade que fazia a segurança do local. Eu me perguntei se Deus queria que eu compartilhasse o evangelho com ela, então comecei a conversar e ouvir sua história. Acontece que ela era professora universitária de matemática na Índia e estava fazendo uma atualização na área para poder ensinar no Canadá. A atualização era muito cara e por isso ela teve que começar a trabalhar como segurança para sustentar a sua família nesse período. Uau! Ela tinha uma história fascinante, mas não parecia estar aberta ao evangelho de Cristo. Perguntei se havia alguma coisa que pudéssemos fazer na galeria de arte, pois a maioria das portas estava trancada. Ela disse que havia um conservatório com muitas plantas exóticas que poderíamos conferir. Pensei, já que estávamos lá, poderíamos ir nesse lugar. Novamente, isso foi estranho para mim, porque eu nunca me importei muito com plantas ou flores naquele momento da minha vida. Enquanto caminhávamos pelo conservatório, eu estava orando e perguntando a Deus se havia algum motivo especial para estarmos lá, e ouvi as palavras "pare e cheire as rosas". Eu não sabia o que isso significava, mas disse ao meu amigo que deveríamos passar mais uma vez, desacelerar e cheirar as rosas. Caminhamos uma segunda vez, apreciando ainda mais as flores por sua beleza, aroma e complexidade. Saí de lá me sentindo revigorado e presumi que tínhamos feito tudo o que podíamos na galeria de arte.

Quando saímos daquele prédio, havia um músico de rua que estava montando sua guitarra e se preparando para tocar do lado de fora. Ele deve ter aparecido enquanto estávamos cheirando as rosas porque ele certamente não estava perto do prédio quando entramos! Mais uma vez, me perguntei se ele era a razão pela qual Deus queria que fôssemos para lá. Então eu comecei a andar, movendo o meu corpo em movimentos de dança até onde esse cara estava tocando.

Ele me viu e gentilmente disse: “Ei, e aí?” Começamos a conversar e acabamos conversando por mais de 30 minutos sobre vida, fé, espiritualidade e outros assuntos. Ele era um cara que acreditava na espiritualidade, mas não em nenhum deus ou ser sobrenatural. Ele foi incrivelmente legal e estava aberto a ouvir sobre minha fé e o que eu tinha para compartilhar também. Trocamos números e planejamos tomar um café na semana seguinte para conversarmos mais.

No final da nossa cozversa, perguntei-lhe se podia orar por ele. Ele ficou muito animado e disse que adoraria orar por nós também. Eu não estava esperando isso... Eu estava imaginando o que eu poderia dizer agora, o que ele faria se percebesse que eu não concordava com suas crenças espirituais, e que seguir Jesus não é apenas uma das muitas maneiras válidas de viver, mas é a única maneira de as pessoas se reconciliarem com Deus! Eu orei por sabedoria naquele momento, abri minha boca e disse: “Isso é muito gentil da sua parte, e eu adoraria se você orasse por nós, eu só tenho um pedido: se você orar, pode por favor usar o nome e poder de Jesus? Eu acredito que Ele é o único Deus verdadeiro, então a única maneira de suas orações terem poder é se elas forem através dEle." Ele fez uma pausa, acenou com a cabeça, dizendo: "Eu respeito aquele homem, Ele fala como um verdadeiro mestre espiritual". Uau. Eu nunca tinha dito algo assim antes e parecia que Deus realmente me concedeu sabedoria naquele momento!

Enquanto orava por ele, senti Deus me conduzindo a orar por coisas especificas da sua vida que eu não poderia saber. Confiei que era Deus me guiando e com fé orei sobre aspectos que podem ou não ter sido reais. Eu poderia ter errado o que estava dizendo, mas estava tentando seguir a direção de Deus.

Depois que nos despedimos do cara e continuamos nossa caminhada de volta para o meu carro, meu amigo da Alemanha disse "Uau! Eu não posso acreditar que isso acabou de acontecer." Eu estava curioso sobre o que ele estava tão animado e perguntei: "O que é tão excitante, cara?" Ele disse: "Acho que acabei de descobrir por que Deus me trouxe aqui. Acho que todo o motivo da minha viagem ao Canadá foi conhecê-lo e vê-lo compartilhar sua fé com um estranho com tanta confiança e naturalidade. Nunca vi ninguém fazer isso antes, e agora sinto que posso fazer isso quando voltar para casa na Alemanha!" Eu fiquei maravilhado. Eu não tinha ideia de que uma oportunidade tão pequena de compartilhar minha fé em Jesus pudesse ter um impacto tão poderoso em meu amigo. Ao refletir sobre os eventos do dia, ficou claro que Deus orquestrou nosso dia de uma maneira que eu não poderia levar nenhum crédito pelo que aconteceu!

No dia seguinte, descobri que outro homem aleatório que havia conhecido e feito amizade em uma cidade próxima conhecia aquele artista de rua. Ele disse que eles costumavam tocar juntos há muitos anos e tinham uma boa amizade. Ele começou a me contar um pouco sobre o passado desse artista de rua e isso se alinhava exatamente com o que eu havia orado! Eu estava deslumbrado. Ficou claro que Deus havia preparado aquele encontro de mais maneiras do que eu pensava inicialmente, e me surpreendeu ainda mais com o que aconteceu a partir daquele dia. Após aquele encontro improvisado na galeria de arte, eu pude sair com esse artista de rua várias vezes, compartilhar as boas novas de Jesus com ele e me conectar a algumas das comunidades artísticas e LGBTQ de Saskatoon. Eu amo como Deus coloca um caminho diante de nós!

Durante meus últimos dois anos de faculdade bíblica, eu estava muito ansioso para sair e começar o ministério. Do jeito que eu via, havia pessoas morrendo todos os dias que não conheciam Jesus. Eu estava trancado em uma sala de aula aprendendo sobre o quão valiosa é a verdade de Deus, mas eu queria sair para o mundo para que eu pudesse compartilhar o amor dEle com o maior número de pessoas possível! Eu adorava meus estudos, mas havia uma parte de mim que estava inquieta enquanto eu me sentava na aula dia após dia. Senti como se estivesse sendo afastado do mundo ao meu redor e precisava sair em missão.

Comecei a orar por oportunidades para meu futuro trabalho como pastor e para o estágio que precisava fazer após a conclusão do meu bacharelado. Minha oração constante era que Deus me fornecesse um pastor sênior que pudesse me orientar. Precisava ser um pastor que eu respeitasse e com quem me desse bem, o que significava que eu não seria capaz de trabalhar em uma grande igreja porque pastores seniores normalmente não têm tempo para jovens como eu. Eu também tinha dois empregos dos sonhos: Tornar-me um pastor associado, ou, um pastor de jovens adultos. Também queria ser um pastor de oração, mas não tinha visto esse trabalho em nenhuma igreja da qual eu fazia parte. A razão pela qual eu desejei esses dois cargos é porque eu tinha apenas 25 anos. Saindo da faculdade bíblica, eu sabia que era jovem demais para ser pastor titular ou plantar uma igreja. Imaginei que se me tornasse pastor associado ou pastor de jovens adultos, seria capaz de crescer e aprender antes de me tornar o pastor principal de uma igreja algum dia. Orar por este emprego e fazer conexões para o futuro me ajudou a lidar com um pouco da inquietação que estava sentindo durante a faculdade bíblica.

Outra coisa que fiz para lidar com a angústia que estava sentindo antes da formatura e me manter com os pés no chão foi me mudar para uma casa que abrigava jovens sem-teto. Havia uma organização que servia como abrigo emergencial para jovens sem-teto na cidade em que eu estava e que também ajudava a fornecer recursos e capacitar esses jovens para fazer mudanças positivas em suas vidas.

Se algum daqueles jovens quisesse mudar de vida e aprender a viver de forma independente, seria enviado um adolescente do sexo masculino para essa casa, que agiria como uma espécie de irmão e o ensinaria a viver por conta própria. Meu papel nesta casa era ser uma figura de irmão mais velho e líder, para ajudar a fornecer estrutura e servir de modelo para esses jovens.

Depois de estar perto de tantos cristãos na faculdade bíblica e na igreja, foi revigorante viver com esses jovens de 15-19 anos que não eram cristãos. Eles voltavam para casa bêbados, acidentalmente deixavam cocaína na mesa, fumavam maconha em seus quartos, tinham excessos de raiva e quebravam coisas, e eram realmente crus e honestos com quem eram. Muitas das coisas que eles fizeram foram motivos para expulsá-los de casa, mas nós os amávamos e demos o nosso melhor para orientá-los na direção certa, mostrando grandes quantidades de graça. Morei lá por um ano e meio e fiquei muito triste quando tive que me mudar para começar minha carreira em outra cidade.

Durante o período de oração em relação ao pastor sênior que deveria me orientar, finalmente fiz contato com dois pastores seniores que pareciam promissores. Consegui enxergar a possibilidade de estagiar com eles e tê-los como meus mentores. Um deles era pastor de uma igreja local, o que me permitiria ficar na casa de jovens sem-teto, e o outro estava em uma província diferente.

Ambos os pastores disseram que ficariam felizes em me ter como estagiário e acolheram a oportunidade de aprender com eles, então comecei a me candidatar a estágios em ambas as igrejas e esperei para ver onde Deus levaria. Alguns meses antes do término da faculdade bíblica e do início do meu estágio, ambas as oportunidades de estágio foram inesperadamente encerradas por circunstâncias além do nosso controle. Um dos pastores se demitiu de sua igreja e o outro pastor tinha três membros da equipe se aposentando ou se demitindo na mesma época e não podia mais fazer um estágio porque precisava contratar e treinar novos funcionários.

Deus estava claramente liderando.

Falei com outras igrejas, mas percebi que nem queria estagiar nelas. Os únicos dois pastores sêniores com quem eu queria aprender não estavam mais disponíveis e me senti perdido. Um dia me encontrei com um professor em um seminário para falar sobre fazer meu mestrado e ele me encorajou a considerar estagiar em uma igreja muito grande, algumas cidades além de onde eu estava atualmente. A igreja ficava perto de Vancouver, na província da Columbia Britânica. Quando soube da igreja que ele me recomendou, recusei imediatamente. Eu sabia que não me encaixaria bem lá e, se fosse ter que mudar, preferia mudar de província. Ele me disse que me recomendaria de qualquer maneira, porque acreditava que eu me daria bem. Eu disse a ele para não se incomodar.

Fiquei esperando a oportunidade certa de estágio e nada estava surgindo. Até um dia em que eu havia acabado de falar em um evento da faculdade bíblica e o presidente da faculdade veio até mim. Ele disse: "Ei Jordan, a Igreja Willingdon está perguntando sobre você. Eu gostaria de conversar com você em algum momento para falar sobre a igreja, pois acho que pode ser uma boa oportunidade." "O que?" Pensei: "Ninguém me disse nada e Willingdon não me procurou. Por que eles estão falando com o presidente da minha universidade e não comigo?"

Encontrei-me com o presidente da faculdade alguns dias depois e ele me contou tudo sobre a igreja. Aparentemente, minhas suposições iniciais sobre esta igreja não ter um bom ajuste estariam corretas, cinco anos antes, mas as coisas mudaram muito depois de uma grande rotatividade de liderança. Agora, as coisas estavam em um lugar que eu poderia embarcar. Depois de dizer "não" para estagiar nesta igreja várias vezes, meu presidente da faculdade finalmente me convenceu de que valia a pena conferir. Então me inscrevi, conheci alguns dos pastores, participei de alguns cultos e vi que poderia ser uma grande oportunidade. Fui aceito como estagiário e assim comecei minha carreira como pastor.

Quando cheguei na igreja, percebi que era enorme. Eu era um dos 15 pastores em uma equipe de cerca de 60 pessoas, servindo uma congregação de cerca de 4.000 pessoas todo fim de semana. Percebi rapidamente que não havia chance de eu ser orientado pelo pastor sênior porque ele supervisionava toda a equipe, sem mencionar que ele tinha cinco pastores com quem se reunia regularmente. Em igrejas desse tamanho é raro ser orientado pelo pastor titular. Dei um beijo de despedida naquele sonho e entendi que era um pedido de oração bobo que não deu certo porque não consegui fazer nenhum dos outros dois estágios aos quais me candidatei antes.

Em relação ao meu emprego dos sonhos, como pastor associado ou de jovens adultos, percebi que não havia como isso acontecer nesta igreja. Em primeiro lugar, o papel de pastor associado não existia nesta igreja. E em segundo lugar, eles já tinham um pastor de jovens adultos incrível que tinha muita experiência e estava fazendo um trabalho fantástico para o ministério. Ele também planejava permanecer no papel a longo prazo. Ficou claro que, mesmo que não houvesse um pastor de jovens adultos, eles obviamente estavam procurando por caras experientes e de alto nível como aquele que estava lá, então eu não teria sido considerado para o papel mesmo que estivesse disponível. Dei adeus a esse sonho também e simplesmente assumi que, se eu quisesse qualquer um desses papéis pastorais e ser orientado pelo pastor sênior, isso exigiria que eu deixasse a Igreja de Willingdon e encontrasse um novo emprego após meu estágio.

Terminei meu ano de estágio e vi que não havia as oportunidades de trabalho pastoral que eu desejava e as igrejas em que eu gostaria de trabalhar não tinham vagas. A igreja Willingdon ofereceu a oportunidade de eu ficar mais um ano com eles em um estágio mais avançado, concordei em fazê-lo, pois parecia ser a melhor opção que eu tinha. Comecei a me apaixonar pelas pessoas com quem trabalhava e pela congregação que servia. No entanto, foi aí que as coisas começaram a mudar de maneiras inesperadas.

Cerca de três meses após o meu segundo ano de estágio, o pastor sênior se aproximou de mim logo antes de uma reunião de equipe e disse: "Ei Jordan, você poderia me ver em meu escritório após esta reunião? Não se preocupe, você não está com problemas, acabei de fazer algumas observações sobre as quais preciso conversar com você."

Eu queria acreditar nele, que eu não estava em apuros, mas a maneira como ele expressou isso me fez pensar durante toda a reunião de equipe. Fiquei pensando nas coisas ruins que ele observou e em quantos problemas eu teria. Eu me perguntava se seria afastado do cargo ou receberia alguma punição.

Após a reunião da equipe, entrei em seu escritório esperando ser repreendido ou rebaixado e, em vez disso, meu pastor sênior me deu uma notícia muito triste, mas emocionante. Ele disse que nosso atual pastor de jovens adultos precisava sair por motivos familiares e disse que queria me convidar para assumir o cargo.

O que?

Você está falando sério?

Em um primeiro momento fiquei arrasado. O atual pastor de jovens adultos era uma das minhas pessoas favoritas no escritório e eu estava ansioso para construir uma amizade mais próxima com ele. Era tão triste pensar que ele teria que ir. E eu também havia acabado de receber a oferta do meu emprego dos sonhos, aquele sobre o qual eu havia orado por anos antes de vir para esta igreja, e um que eu estava convencido de que nunca seria capaz de desempenhar na Willingdon. Eu não podia acreditar que isso estava acontecendo, eu estava tão grato.

Havia tantas emoções acontecendo dentro de mim naquele momento. Entrei naquela reunião com medo de ter problemas, recebi notícias profundamente tristes sobre um amigo querido que precisava deixar a igreja e me ofereceram o emprego dos meus sonhos em questão de 2 minutos. Meu rosto estava sem nenhuma expressão quando acenei com a cabeça para a proposta do meu pastor sênior. Minhas emoções eram tão fortes que eu não sabia o que mostrar, então guardei todas para mim mesmo.

“Você quer fazer isso, Jordan?” Ele perguntou. “Porque se você realmente quer, não parece muito animado”, disse ele. “Sinto muito”, eu respondi, “eu estou sentindo tantas emoções diferentes que não sei o que dizer agora. Eu quero dizer sim, mas precisarei de algumas semanas para orar sobre isso.”

Expliquei meu estado emocional e a necessidade de processar e orar em relação aquela proposta. Ele entendeu e gentilmente me deu tempo para fazer isso.

Depois de toda a minha família, amigos íntimos e mentores me dizerem que eu definitivamente deveria assumir o cargo e eu sentir paz sobre isso em oração, voltei ao meu pastor sênior e disse que sim. Ele ficou muito animado e disse que eu começaria em tempo integral em menos de um mês, que também seria contratado como pastor de oração, e que ele começaria a me orientar semanalmente.

Espere, o que?

Eu não podia acreditar no que havia acabado de ouvir.

Todas as loucas e audaciosas orações que fiz sobre oportunidades pastorais me foram concedidas naquele exato momento. E de todos os lugares aconteceu na igreja que eu menos esperava que fosse possível! É como quando eu dizia "não" para as oportunidades de estágio na Willingdon, mas Deus tinha outros planos em mente. Ele cumpriu minhas orações, sonhos e desejos de maneiras que excederam o que poderia ter acontecido nas duas primeiras igrejas em que tentei estagiar.

Através da jornada de entrar no ministério pastoral, orando pelas coisas que eu desejava e sentia que precisava, fazendo o meu melhor para seguir Jesus passo a passo, percebi que Deus realmente havia colocado um caminho diante de mim. Quanto mais eu confiava nEle e andava pela fé, mais eu via suas provisões graciosas e orientações claras em minha vida. Ele estava guiando todos os meus passos. Quando dizemos "Sim" para seguir a Cristo e o buscamos regularmente, podemos esperar que Ele nos guie pelos caminhos que Ele deseja que sigamos. Às vezes, esses caminhos são inesperados e, às vezes, podem até nos levar a circunstâncias dolorosas e desafiadoras.

Capítulo 14:

Tempos Difíceis

Tornar-me um cristão e seguidor de Jesus tem sido profundamente excitante e encorajador em muitos níveis. Eu vi Deus prover para mim, me dar favor e me levar a lugares maravilhosos. Minhas experiências podem não ser tão grandiosas e atraentes quanto as que os influenciadores mostram nas mídias sociais, mas em minhas próprias aventuras com Jesus conheci pessoas extraordinárias e experimentei a obra sobrenatural de Deus através dos momentos mundanos da vida. Embora minha jornada não seja tão "digna do Instagram", como poderia ter sido se eu tivesse escolhido um caminho diferente, não é menos valiosa e bonita. Eu vi Deus fazer coisas incríveis ao meu redor e me usar de maneiras grandiosas que não fariam sentido sem o seu poder em ação em minha vida. Dito isto, devido às minhas imperfeições e a desolação do mundo ao nosso redor, também passei por alguns momentos muito difíceis enquanto tentava seguir a Jesus.

A quantidade de problemas que tenho são infinitas. Eu costumava pensar que quando experimentava a vitória em uma área da minha vida – como parar um vício ou perdoar alguém que me magoou – sempre esperava que estivesse quase terminando de crescer e perto da perfeição. Isso simplesmente não é verdade. Quando Deus me capacita a experimentar a vitória em uma área, não demora muito para eu descobrir mais questões que eu nunca tinha percebido. É quase como se eu só pudesse lidar com alguns problemas de cada vez. Uma vez que eles são tratados, Deus graciosamente aponta outros defeitos de caráter que podem ser trabalhados. Não prevejo que esse processo termine antes de eu morrer.

Já passei por vários desafios, como mencionei anteriormente. Mas a temporada mais difícil que tive na minha vida até agora começou em janeiro de 2016 e durou até janeiro de 2019. Embora ainda sinta alguns dos efeitos dessa dolorosa temporada até hoje.

Ao longo de 2015, aos 22 anos, eu estava em um momento da minha vida no qual estava me desenvolvendo em liderança, crescendo em fé, e sendo convidado para assumir a posição de líder em diversas áreas. Eu via o favor de Deus nas comunidades em que estava envolvido. No entanto, durante esse tempo eu tinha um vício persistente em pornografia que não conseguia superar, não importava o que eu fizesse. Eu vinha lutando intensamente contra esse vício desde que me tornei cristão e experimentava alguns meses de liberdade, mas no final sempre tinha uma recaída. Parecia um ciclo sem fim.

Eu estava começando a ficar muito desanimado. Eu odiava esse vício, mas nunca tive forças para superá-lo. Senti que estava estagnado em meu crescimento espiritual e não tinha certeza do que precisava fazer para começar a experimentar avanços nessa área da minha vida. Chegou a um ponto em que senti que precisava tomar medidas drásticas.

Lembro-me de estar em um culto na igreja um dia no final do outono de 2015. Nosso pastor estava pregando sobre o poder da dor e como nós, humanos, precisamos sentir dor para crescer. Ele disse que sem sofrimento nunca veremos um grande crescimento em nossas vidas. Enquanto ele pregava isso, fiz algo que é anormal para a experiência de muitas pessoas na igreja, mas era uma prática aceitável em nossa igreja multicultural e carismática. Levantei-me, levantei a mão e gritei: "Eu recebo!"

Dois dos meus amigos sentados ao meu lado me olharam com os olhos arregalados: "O que você está fazendo??" Eles perguntaram, preocupados com o meu bem-estar. Sentei-me e disse: "Pessoal, nunca sofri muito na minha vida. Tantas pessoas que conheço sofreram muito mais. Minha fé está estagnada, não consigo largar meu vício em pornografia e acho que agora vejo que provavelmente é porque não sofri muito, então acho que é minha vez de sofrer para poder crescer". "Eu respeito isso", eles disseram, "apenas tome cuidado com o que você pede!"

Me senti bem com a minha decisão de aceitar a oferta de Deus para me ajudar a crescer através da dor. Eu simplesmente não tinha ideia do que Ele poderia me permitir passar.

Algumas semanas depois disso, me tornei líder de um grupo de oração na minha faculdade bíblica. Esta era uma área do meu ministério em que tinha visto muito o favor de Deus. Lembro que no início, quando começamos a nos reunir, eram apenas eu e algumas poucas pessoas, mas quando assumi a liderança e fui capaz de estabelecer uma ótima equipe, vimos o ministério crescer de apenas alguns alunos para cerca de 60 estudantes e até alguns professores orando juntos todas as terças-feiras por uma hora.

Como eu estava liderando este ministério de oração, estava bastante confiante de que não tinha medos e apenas lutava com algumas coisas em minha fé. Lembro-me de liderar uma das reuniões na qual o foco estava em orar sobre nossos medos e obter vitória sobre eles. Quando me sentei em um pequeno grupo para começar a compartilhar nossos medos uns com os outros para que pudéssemos orar uns pelos outros, chegou a minha vez de compartilhar. Eu disse: "Sei que isso vai parecer arrogante, mas na verdade não luto com nenhum medo, então não há nada para orar por mim nessa área". Em retrospectiva, é muito ridículo para mim refletir sobre isso, porque na época não percebi que realmente tinha problemas profundos de medo em minha vida. De alguma forma, com o nível de sucesso de liderança que eu estava experimentando e a quantidade de favores que eu tinha nas comunidades religiosas em que estava envolvido, me convenci de que era muito mais forte do que realmente era.

Eu não fazia ideia de como estava errado.

Por que eu digo isso? Porque foi apenas 2 meses depois daquela reunião de oração que experimentei meu primeiro ataque de pânico. Uma das experiências mais profundas que um ser humano pode ter com o medo. Tudo começou com a decisão drástica que tomei na tentativa de acabar com meu vício em pornografia de uma vez por todas. Escolhi separar o ano de 2016 para focar somente em Deus e removi muitas coisas prazerosas da minha vida para me ensinar a depender de Deus para minha alegria ao invés de outras coisas na vida. Para este próximo ano eu disse:

1. Sem namoro
2. Sem sobremesas/lanches
3. Sem álcool
4. Sem TV ou filmes
5. Nenhum uso de internet além de pesquisas para a escola
6. Sem pornografia (obviamente)
7. Nada de cortar o cabelo (para me desafiar na área da vaidade, eu me importava muito com minha aparência física)

Eu estava desesperado para superar meu vício em pornografia. Parecia que eu precisava tomar medidas extremas para ver minha fé e amor por Deus crescer até o ponto em que eu pudesse me livrar disso. Eu queria tirar tudo da minha vida que eu pudesse acabar dependendo como fonte de alegria e prazer que não fosse Deus.

Parece bem intencional, certo? Sim, eu sou alguém que tenta ser intencional em todas as áreas da minha vida. A intencionalidade pode ser uma qualidade realmente boa e poderosa para causar um impacto significativo no mundo ao seu redor. No entanto, intencionalidade sem sabedoria pode causar problemas, e foi exatamente isso que esta decisão fez por mim.

Coloquei pressão em mim mesmo para realizar isto, gastei muita energia lutando para alcançar a perfeição diante de Deus e como consequência deixei de receber a maravilhosa graça e o perdão dEle em minha vida. Sim, eu sabia em minha mente que Ele havia me perdoado por tudo que eu havia feito. Mas também acreditava que já que Ele havia me perdoado e que o Espírito Santo estava vivendo dentro de mim, então eu não deveria estar lutando contra um problema de nível elementar, como o vício em pornografia! Concluí que o problema estava em mim e que eu precisava resolvê-lo com minhas próprias mãos ao invés de deixar o amor e o poder de Deus trabalharem em mim. Eu estava tentando me salvar e me redimir novamente.

No dia 1° de janeiro de 2016, comecei meu ano de abstenção de todos os meus prazeres habituais na vida. Em vez de começar com tudo, iniciei aquela manhã com uma sensação avassaladora de medo, convencido de que estava prestes a morrer.

O que?

Lá estava eu, sentado no sofá da casa dos meus pais, tomando um café e lendo, quando de repente tive uma profunda sensação de pavor brotando dentro de mim. Esse sentimento tomou conta e pude ouvir meu cérebro gritando "VOCÊ ESTÁ PRESTES A MORRER!" Eu imediatamente me levantei sem ter certeza se estava tendo um ataque cardíaco, um aneurisma cerebral, ou derrame, mas tudo que eu sabia é que algo estava realmente errado, e eu provavelmente iria morrer. Passei direto pelos meus pais que estavam na cozinha, saí pela porta da frente e comecei a andar pela rua. Todo esse tempo, meu cérebro ficou gritando para mim "VOCÊ ESTÁ MORRENDO! VOCÊ IRÁ MORRER!" Eu não queria que isso acontecesse na frente dos meu pais, por isso saí. Cerca de dois minutos após isso, a súbita sensação de pânico começou a se acalmar e voltei a um estado de espírito mais normal.

Voltei para dentro da minha casa e pensei: "O que foi isso que aconteceu?!?" Tomei um gole de água e me sentei no sofá fingindo que nada tinha ocorrido. Eu não tinha ideia do que tinha acabado de experimentar e resolvi não dizer nada aos meus pais.

Uma semana se passou, as coisas pareciam um pouco normais e, de repente, fui atingido por outro momento de terror inundando minha mente, convencido mais uma vez de que estava prestes a morrer. Foi tão real e assustador quanto a primeira vez, e também diminuiu após cerca de um minuto ou dois. Comecei a ficar preocupado, imaginando que eu tinha um problema cardíaco ou algum tipo de doença física que estava me matando.

Foram necessários cerca de 10 desses episódios de puro terror, que me dominavam a cada 3-7 dias, para que eu decidisse ir ao médico. Eles realizaram alguns testes diferentes, coletaram amostras de sangue, e me disseram que eu estava tão saudável quanto um cavalo. Dito isto, continuei me sentindo muito fraco, e esses momentos de pânico continuaram me dominando. Eu estava convencido de que havia uma doença subjacente mais profunda e sinistra, como um problema cardíaco ou alguma outra enfermidade. Aparentemente havia, só não era tão físico quanto eu pensava.

Após cerca de 15 a 20 episódios a mais, percebi que algo estava muito errado. Comecei a experimentar esses ataques quase todos os dias, às vezes várias vezes por dia. Nesse ponto, decidi consultar um psicólogo e descobri que o que eu estava experimentando era chamado de crise de ansiedade.

O quê?? Como eu poderia ter ataques de ansiedade? Eu estava dizendo às pessoas alguns meses atrás que eu não tinha nenhum problema com medo! Aparentemente, eu estava muito errado.

Acabei fazendo muitas pesquisas sobre ansiedade, ataques de pânico e doenças mentais em geral. Também descobri algo chamado "burnout". Essa é uma experiência bastante comum para as pessoas hoje em dia, mas anos antes de eu escrever este livro estava apenas começando a ser discutido e não havia sido verificado ou confirmado pela comunidade médica. Dito isto, haviam muitas evidencias que eu tinha alcançado esse nível de esgotamento, considerando como eu havia vivido minha vida até aquele momento.

Minha motivação e ambição acabaram me levando à exaustão e ao esgotamento aos 23 anos. Minha tentativa de forçar uma aproximação com Deus, com a privação de todos os tipos normais de prazer e entretenimento, aliado a prática de jejum regular de alimentos, o peso da liderança de vários ministérios e o meu foco para manter as minhas notas altas na faculdade, tudo me alcançou e me levou ao chão. Minha saúde mental chegou a um ponto em que eu sofria de forte ansiedade todos os dias, ataques de pânico regulares e era incapaz de comparecer a certos eventos, como a festa de aniversário do meu melhor amigo, porque eu não estava saudável.

Eventualmente, tive que parar de liderar todos os ministérios dos quais fazia parte, deixei de entregar algumas tarefas importantes na faculdade e minha capacidade de servir e liderar foi reduzida a nada. Eu mal conseguia tomar um café de 30 minutos com alguém sem ter um ataque de pânico. Era como se um elástico estivesse constantemente em volta da minha cabeça, e na minha visão as coisas pareciam estar sempre em HD, como se houvesse uma descarga permanente de adrenalina em todo o meu corpo. Eu estava constantemente no modo de luta ou fuga.

Eu esperava que, com um pouco de descanso e auto cuidado, isso desaparecesse ao longo de alguns meses. Infelizmente, não foi esse o caso. Meses se passaram e eu não me senti melhor. Estava convencido de que nunca me recuperaria devido a frequência desses ataques, era como se isso tivesse se tornado o meu novo normal, e eu fosse ficar mentalmente incapacitado, exausto e cheio de ansiedade pelo resto da vida. Lembro-me de uma noite, clamando a Deus. Eu pensei que precisava abandonar os estudos, sair da casa de jovens sem-teto em que eu morava e amava, e voltar para casa para viver com meus pais como dependente pelo resto da minha vida.

Eu estava clamando a Deus porque não podia acreditar que Ele me deixaria ficar tão mentalmente debilitado em uma idade tão jovem. Minha vida parecia ter acabado. Eu não podia mais liderar, não aguentava mais a faculdade, mal podia sair com os amigos, e minhas crises vinham acontecendo há mais de um ano sem mostrar nenhum sinal de mudança.

Naquela noite fiquei em paz com o fato de que voltar para casa dos meus pais e viver como dependente, não ser capaz de fazer mais nada ou contribuir com nada significativo para igreja ou o mundo pelo resto da minha vida, poderia ser apenas o que Deus havia planejado para mim. Lembro de me questionar: "Se eu nunca mais for capaz de fazer nada para Deus, se eu nunca puder completar qualquer tarefa ou servir a igreja de forma significativa novamente até o dia em que eu morrer, estou bem com isso?" Depois de lutar com essa pergunta, atacando o núcleo da minha identidade, cheguei à conclusão de que: "Se é isso que Deus deseja, se Deus está bem comigo não fazendo nada de útil novamente, então estou bem com isso. Confio a minha vida a Deus e se isso é o melhor para mim, que assim seja."

Depois de clamar a Deus naquela noite, eu estava orando e tive a visão de Jesus colocando uma coroa brilhante e gloriosa na minha cabeça.

Assim que tive aquela visão, imediatamente a rejeitei.

"Não há como essa visão ser de Deus!" Pensei: "No mínimo, essa visão é meu próprio orgulho e vaidade, pensando que mereço uma coroa, quando somente Jesus merece uma coroa! Uma visão mais precisa seria eu dando a Jesus uma coroa porque Ele é o verdadeiro Rei."

Depois de rejeitar essa visão e me culpar por ser orgulhoso, tive a estranha sensação de que precisava ler 1 Pedro na Bíblia. Isso foi esquisito já que eu não costumava ler 1 Pedro e não fazia ideia do que havia naquele livro.

O que tornava ainda mais bizarro era que eu não lia a Bíblia por mim mesmo há vários meses porque estava muito ansioso e exausto com minhas práticas religiosas.

Mas naquele momento, percebi que não tinha nada a perder, então me forcei a ler 1 Pedro 3. Depois de ler esse capítulo me senti exausto e não consegui nada com isso. Senti que era uma perda de tempo e já ia guardar minha bíblia quando senti Deus me dizer: "Continue lendo!"

Eu balancei minha cabeça e li 1 Pedro 4. Mais uma vez, não consegui absolutamente nada com isso. Fazia muito tempo que eu não lia tanto da Bíblia e estava pronto para guardá-la novamente. Senti Deus dizer mais uma vez "Continue lendo!"

Eu não queria, mas percebi que havia apenas mais um capítulo no livro, então eu poderia terminá-lo. Comecei a ler 1 Pedro 5 e fiquei completamente chocado com o que aconteceu a seguir.

No início deste capítulo, Pedro, o autor do livro, está falando sobre os líderes da igreja, dizendo-lhes para serem fiéis. Foi para me tornar um líder que eu deixei o setor imobiliário, porque pensei que era minha vocação, até que tive o esgotamento! Então isto despertou o meu interesse na leitura. Continuei lendo e congelei quando cheguei em 1 Pedro 5:4: *"E, quando se manifestar o sumo Pastor, recebereis a imarcescível coroa da glória."*

A visão voltou poderosamente à minha mente, vi Jesus colocando a coroa na minha cabeça novamente e dizendo: "Ainda não terminei com você. Você vai se recuperar, ainda quero usá-lo como líder na igreja."

Meu corpo foi inundado de alegria, esperança, fé e amor pela primeira vez em mais de um ano. Eu soube naquele momento que essa fase horrível da minha vida não duraria para sempre. Que Deus ainda tinha planos para eu servir como líder na igreja. Que eu seria capaz de terminar minha faculdade bíblica e começar a servir na igreja mais uma vez!

Este foi o momento do meu período de esgotamento em que eu estava no meu ponto mais baixo, desistindo da maioria das coisas da vida, mas a minha trajetória mudou a partir daquela noite. Comecei minha jornada de cura.

Isso não mudou da noite para o dia. Longe disso! Continuei lutando contra a ansiedade diária, crises de depressão, um nível constante de exaustão e uma incapacidade de liderar qualquer coisa. Levei cerca de mais um ano e meio antes de me sentir 80% saudável. A parte intensa do meu período de esgotamento durou dois anos e meio. Desde então, tenho sido muito mais saudável, porém não sou a mesma pessoa que era antes desse período. Estou mais ciente das minhas limitações, mais dependente da graça de Deus e tenho uma menor capacidade de liderar várias coisas do que antes. Ainda luto contra a ansiedade e pequenas crises de depressão, mas estou muito mais consciente de como cuidar de mim e permanecer em um espaço saudável mental, emocional e espiritualmente.

Eu não acredito que Deus provocou este problema, mas creio que Ele me permitiu passar por isso. Parte do lado sombrio da minha personalidade ambiciosa e determinada é que estou predisposto à ansiedade e ao esgotamento. O medo é um motivador negativo chave para eu me destacar e alcançar as coisas. Em certo sentido, era apenas uma questão de tempo antes que eu me esgotasse em algum momento da minha vida. Felizmente, eu sou fraco o suficiente para que isso tenha acontecido no início, antes que eu tivesse muitas responsabilidades! Muitas pessoas se esgotaram tanto ou pior do que eu, mas o fizeram em uma idade muito mais avançada, quando tinham um cônjuge para cuidar, filhos para criar, uma hipoteca para pagar e uma carreira para sustentar. Eu não tinha nenhuma dessas coisas durante a minha experiência. Eu posso ver como Deus graciosamente permitiu que eu desmoronasse durante um estágio muito seguro e controlado da minha vida, que causou danos colaterais mínimos nas pessoas ao meu redor.

Através do esgotamento, Deus também me ensinou muito sobre humildade, minhas fraquezas e como não posso me tornar perfeito. Meu vício em pornografia não desapareceu durante o ano em que comecei a tentar vencê-lo com minhas próprias forças, no entanto, desapareceu durante o meu período de esgotamento, quando finalmente comecei a entregá-lo nas mãos de Deus e a aproveitar todos os recursos que Ele me deu.

Também vi o imenso favor de Deus continuar a ser demonstrado em minha vida durante o esse período.

Lembro-me de um verão no qual estava trabalhando para uma empresa de construção. Eu ainda estava muito mal e não tinha certeza se tinha algum problema físico ou se era tudo relacionado à saúde mental. Tudo o que eu sabia é que eu era incrivelmente fraco e rapidamente dado à ansiedade, e houveram muitos dias nos quais eu tive que ligar para o trabalho porque estava muito ansioso e exausto. Eventualmente, tive que reduzir minha semana de trabalho para três ao invés de cinco dias. Para mim, como um grande realizador, essa foi a coisa mais embaraçosa. Em todos os trabalhos que tive até aquele momento, sempre havia sido um dos melhores funcionários e um árduo trabalhador. Seja na construção civil, pintura, venda de celulares ou entrega de pizzas, eu sempre tive o favor dos meus patrões. Eu sabia que isso era uma dádiva de Deus, mas como eu havia trabalhado muito e tido um ótimo desempenho ao longo da vida, senti que também era responsável por grande parte desse resultado. Até que me vi sendo o operário de construção mais imperfeito e menos confiável do mundo. Eu nunca havia sido um funcionário tão ruim até aquele verão e senti muita vergonha por isso.

Depois daquele verão, fui contratado pela igreja Willingdon como estagiário pastoral. Fiquei feliz em deixar a construção. Eu queria impressionar meu empregador naquele verão com minha ótima ética de trabalho, mas em vez disso, eu sentia que merecia ser demitido em todos os dias que apareci para trabalhar.

No meu último dia de trabalho com a construtora, meu chefe me levou junto com os outros caras para jantar, para que pudéssemos comemorar que eu estive trabalhando com eles nos últimos 3 meses. Fiquei atordoado. Mesmo quando fui um ótimo funcionário em outras empresas nunca tive uma festa de despedida como aquela. E agora eu só tinha trabalhado para esse cara por 3 meses, eu era um péssimo funcionário e ele estava me dando uma festa? A única razão que fazia sentido para mim na época era que ele devia estar feliz por eu estar indo embora. Durante o jantar, ele deslizou um cheque virado para baixo em minha direção. Ele olhou para mim e disse: "Não se preocupe, não é o que você está pensando", com um sorriso no rosto. Eu estava muito confuso, pois o meu salário daquela semana já estava pago e eu não tinha ideia do motivo pelo qual ele estava me dando um cheque.

Depois daquele jantar, agradeci a todos por me aturarem durante o verão, e eles me desejaram felicidades na minha carreira como pastor. Fui para o meu carro, olhei o cheque e vi o valor de 400 dólares nele e a palavra bônus escrita. Como assim? Por que ele estava me dando um bônus? Eu que deveria estar pagando a ele por ter me mantido empregado mesmo sendo um trabalhador tão ruim! Enquanto refletia sobre isso, senti Deus dizendo: "Jordan, eu lhe dei um favor que você nunca poderia ganhar sozinho. Apenas aceite e pare de tentar provar a si mesmo." Eu comecei a chorar.

Quando fui ver meu chefe mais tarde, ele me disse como estava profundamente grato por ter me tido como funcionário naquele verão.

O que? Ele continuou me dizendo que se eu precisasse de uma recomendação ou referência para qualquer coisa no futuro, ele me daria a avaliação mais brilhante que alguém poderia receber.

O que?

Uau!

Deus realmente nos concede um favor que não merecemos. Eu queria me desculpar com ele novamente por quão mal eu me saí trabalhando para ele, mas em vez disso apenas mantive minha boca fechada e agradeci por ele ter sido um chefe tão gentil e amoroso. Não é exatamente o tipo de palavras que um chefe de construção rude e durão está acostumado a receber, mas ele sabia que eu era mole, então ele aceitou meus elogios efusivos.

Finalmente consegui deixar a indústria da construção e começar minha carreira como pastor em tempo integral em um ambiente muito mais confortável, (o prédio de escritórios de uma igreja em vez das condições chuvosas e frias da construção em Vancouver, Canadá), e que estava muito mais de acordo com meu chamado. Achei que este era o próximo e último passo para mim na minha carreira. Eu tinha tentado um monte de empregos diferentes e considerado várias carreiras antes, mas o ministério pastoral parecia o lugar no qual eu iria pousar permanentemente.

Capítulo 15:

Surpreendido Pelas Transições

Durante meu tempo servindo como pastor, do ano de 2018 até 2021, posso dizer com confiança que amei meu trabalho e vi a graça e o favor de Deus de várias maneiras. Mas mesmo que tudo na minha vida estivesse indo bem, eu sentia que algo estava faltando dentro de mim e eu precisava fazer uma mudança.

Meu coração não estava totalmente satisfeito com meu trabalho. Percebi que tanto quanto eu amo investir em outros cristãos, sou igualmente apaixonado por evangelismo. Tendo o carinho especial em trabalhar ao lado de pessoas nas indústrias de negócios e entretenimento.

Eu estive orando sobre isso por alguns anos, e quando senti a urgência de deixar meu emprego na igreja e trabalhar no mundo dos negócios e do entretenimento, pedi aos meus amigos que orassem comigo. Meu amigo Brad disse que, enquanto orava, teve uma visão minha usando uma coroa. Eu não podia acreditar. Brad não tinha ideia da visão que Deus me deu anos atrás de

Jesus colocando a coroa na minha cabeça. E como essa visão foi usada por Deus para me encorajar e me lembrar do meu chamado para servir no ministério. Saí daquele momento de oração revigorado e capaz de me concentrar em meu trabalho na Igreja por um tempo.

Com o passar do tempo, porém, a urgência de entrar no mundo dos negócios e do entretenimento voltou, e eu pedi aos meus amigos que orassem mais uma vez. Enquanto orávamos, meu amigo Mike disse: "1 Pedro 5:4 me veio à mente. Isso significa alguma coisa para você?" Ele não tinha ideia de que era o versículo exato que Deus me deu para confirmar a visão que tive com a coroa! Mais uma vez, fiquei maravilhado com Deus falando por meio de meus amigos e lembrei que precisava me concentrar e continuar servindo na Igreja.

Você pode estar pensando que eu sou louco, mas a inquietação e a urgência de deixar meu emprego como pastor voltaram novamente depois de alguns meses. Pedi aos meus amigos que orassem comigo novamente, para discernir se era hora de seguir em frente. Minha amiga Kathy orou por mim e ela começou a me contar sobre uma visão, mas então ela parou e disse: "Não importa, não vale a pena dizer nada. Não faz nenhum sentido." Eu a encorajei, dizendo "Vamos lá! Você precisa compartilhar isso, mesmo que você pense que é estúpido! Quem sabe, talvez Deus fale através de você?" Então ela relutantemente começou a recordar sua visão. Ela disse: "Eu vi você andando com Jesus perto de um rio. Você tinha uma coroa na cabeça e eu ouvi Jesus dizer: 'A coroa ainda está na sua cabeça Jordan, não se preocupe, a coroa está na sua cabeça'". Eu fiquei maravilhado. Kathy não tinha ideia da visão que tive, como as outras duas pessoas que a confirmaram através da oração nas vezes em que nos reunimos para orar sobre isso. Expliquei a visão que recebi anos atrás e então disse a ela: "Você não tem ideia de como Deus acabou de falar através de você! Você pensou que era uma visão idiota e sem sentido, mas Deus a usou para me encorajar a continuar com meu trabalho como pastor por enquanto!" Todos nós fomos encorajados com a forma como Deus estava falando com tanta precisão e consistência através de orações e visões.

Por meio das orações e encorajamentos consistentes, pude permanecer e servir como pastor por quase mais um ano inteiro. Mas, com o passar do tempo, meu desejo de servir através das indústrias de negócios e entretenimento continuou crescendo e algo inesperado aconteceu.

Uma noite no início de setembro de 2021, tive um sonho no qual eu entrava no escritório do meu pastor sênior, entregava minha demissão a ele e dizia: "Preciso entregar meu aviso prévio de dois meses". Ele pegava o papel que eu tinha, aceitava, e então eu saia de seu escritório. Depois daquele breve sonho, acordei.

Fiquei confuso com esse sonho. Não tinha planos de me demitir tão cedo. As coisas realmente estavam indo bem naquela época. Tentei esquecer esse sonho, achando que não tinha sentido, mas ao longo da semana seguinte ele continuou vindo a minha mente durante algumas situações e conversas. Chegou ao ponto em que pensei: "Ok, pode haver algo nesse sonho, então vou pedir a alguns amigos para discernir comigo". Depois de compartilhá-lo com alguns amigos próximos, eles acharam que era significativo, mas não conseguiram fornecer interpretações precisas.

Com o passar das semanas, senti meu coração se distanciando cada vez mais do meu trabalho e desejando estar no mundo dos negócios e do entretenimento. Estava se tornando tão forte que contei ao meu supervisor sobre isso e comecei a fazer com que mais pessoas orassem e discernissem comigo. Percebi que a decisão de deixar meu emprego trazia enormes implicações para minha vida, sem mencionar as muitas pessoas e programas que dependiam de minha liderança na época. Se eu fosse renunciar precisava ter certeza de que Deus estava me guiando.

Acabei recrutando mais de uma dúzia de parceiros de oração confiáveis para me ajudar a orar e discernir essa situação. Todos eles estavam me apoiando cada vez mais na decisão de deixar meu trabalho como pastor. Foi confortante para mim ter o apoio deles, mas pedi a Deus que falasse comigo através de sua palavra para confirmar o que eu deveria fazer, porque no final das contas eu precisava ouvi-lo.

Orei e senti Deus me dizer para ler a história de José. Deus havia usado essa história para falar poderosamente em minha vida antes. E ao lê-la desta vez, senti que Deus estava me puxando para a história e eu estava me identificando fortemente com o personagem de José. Quando li sobre ele sendo enviado ao Egito e trazendo a presença de Deus para tantos descrentes, comecei a chorar. Eu disse "Deus! Eu quero ir para o Egito! Eu quero ser enviado ao mundo para compartilhar o Evangelho aos faraós deste mundo!" Claramente algo profundo estava acontecendo dentro de mim.

Alguns dias depois de ler sobre José, encontrei minha amiga Ashley, que tem o dom profético. Ela recebe regularmente revelações de Deus e as compartilha com outros. Não nos víamos há três anos e acabamos nos encontrando para tomar um café e conversar. Depois que nos vimos e dissemos "Oi", Ashley então compartilhou: "Jordan, assim que te vi, o Espírito Santo me disse que você é como José".

O que.

Sério Deus?

Depois disso, compartilhei com ela que as coisas estavam indo bem no meu ministério, mas que eu estava procurando alguma forma de trabalhar no mundo dos negócios por meio período. Ela disse: "Sinto Deus dizendo que você está liberado do ministério em tempo integral porque foi chamado para o mundo dos negócios". Mais uma vez fiquei chocado com a precisão com que ela falou sobre as coisas pelas quais eu estava passando e que ela não tinha ideia.

Saí daquela conversa me sentindo encorajado com a decisão de potencialmente deixar o meu emprego.

Eu ainda queria compartilhar as palavras que ela deu com pessoas de confiança, que podiam orar e discernir comigo, para ter certeza de que era Deus falando através dela.

Durante esse tempo de discernimento, senti Deus me levando a ler o livro de Daniel. Percebi muitos paralelos com a história de José e, ao ler a história de Daniel, comecei a chorar novamente e disse: "Deus! Eu quero ser enviado para a Babilônia! Eu quero sair e compartilhar o Evangelho com o rei Nabucodonosor deste mundo!" Continuei a sentir meu coração sendo atraído para entrar no mundo dos negócios em tempo integral. As pessoas que estavam me apoiando em oração também começaram a falar comigo, compartilhando que eles discerniram que as palavras de Ashley eram proféticas e da parte de Deus. Percebi que era hora de seguir em frente e confiar no Senhor com os próximos passos, mesmo que eu não tivesse outro emprego em vista. Encontrei-me com meus líderes, notifiquei-os sobre minha decisão e entreguei minha carta de demissão.

Depois que eu entreguei minha demissão, percebi que faziam praticamente dois meses desde que tive aquele sonho. Fiquei perplexo com o momento, porque não esperava deixar meu emprego na Igreja tão cedo e tão perfeitamente sincronizado com o sonho que tive.

Era meado de novembro de 2021 quando parei e decidi que não trabalharia novamente até o final do ano. Em vez disso, eu tiraria um tempo para refletir, orar, descansar e ver o que Deus poderia ter a seguir para mim. Durante esse tempo, meu amigo Brad estava orando por mim e disse que sentiu que Deus estava me dando a chance de viajar internacionalmente. Eu imediatamente disse: "Não, isso não é uma boa ideia! Acabei de sair do meu emprego e não tenho renda agora. É a pior época para viajar!" Ele me disse para orar sobre isso, e assim que o fiz, senti Deus me dando paz e luz verde para viajar. A primeira coisa que me veio à mente foi visitar a Colômbia com meu amigo Oscar, que cresceu lá. Eu estava animado para umas férias de duas semanas em um belo país à beira-mar!

Assim que as pessoas começaram a ouvir que eu estava planejando ir para a Colômbia, minha amiga brasileira Thaís entrou em contato comigo e disse "Jordan, se você já está planejando ir para a América do Sul, então você deveria viajar para o Brasil!" Eu procurei as passagens e vi que era mais caro do que eu poderia pagar. Eu disse que não, era muito caro e já tinha planos para a Colômbia. Ela respondeu: "Acho que você deveria ir para o Brasil porque tenho uma igreja realmente ótima que quero que você conheça". Ela disse: "Eles são muito fortes no profético e todos os anos recebem uma palavra profética para ajudar a guiar o ano. Este ano a palavra deles é: 'Deus está levantando Josés e Daniéis de dentro da Igreja para usá-los no mundo dos negócios.' E eles querem trazer essas pessoas, orar por elas e enviá-las em missão!" Eu estava tão chocado. "Você está falando sério?" Eu pensei: "Essa é exatamente a palavra que recebi que me levou a deixar meu emprego!" Eu disse a ela: "Parece que eu tenho que viajar para o Brasil, afinal". Então cancelei meus planos para a Colômbia e comprei passagem para o Brasil para ficar com a família da Thaís na cidade de Recife.

O plano era ir ao Brasil por duas semanas, visitar sua igreja, aprender com eles, receber oração e depois retornar ao Canadá. No entanto, quando as pessoas começaram a ouvir que eu estava indo para o Brasil, percebi que tinha mais conexões nesse país do que imaginava. De repente, comecei a receber convites para ficar em diferentes cidades do Brasil, para pregar em igrejas, conhecer o país e sair com alguns amigos. Depois de perceber que não tinha que me preocupar em retornar para um emprego, Deus me deu a paz que eu precisava para que eu pudesse prolongar a minha viagem e aceitar alguns desses convites. De repente, minha viagem de duas semanas se transformou em uma viagem de três meses, visitar uma cidade se transformou em conhecer 10 cidades, e aprender com uma igreja se transformou em pregar sobre avivamento em mais de 12 igrejas! Deus abriu muito mais portas do que eu jamais poderia imaginar.

Mais do que isso, Deus começou a me conectar com empresários de todo o país e a criar grandes oportunidades para compartilhar minha fé e estabelecer conexões importantes para futuras parcerias de trabalho. Eram todos empresários e executivos de alto escalão, pessoas com quem eu não teria chance de conversar, a não ser que Deus concedesse favores e abrisse portas! Fiquei mais uma vez chocado com a forma como Deus estava me abençoando e me levando adiante tanto no ministério quanto no pontapé inicial da minha carreira nos negócios.

Durante meus três meses no Brasil, Deus também me ensinou mais sobre humildade. Estando em uma terra estrangeira na qual não conhecia a língua, descobri o quão necessitado eu era. Tornei-me dependente de outras pessoas para cuidar de mim, que deram o seu melhor para tornar a minha viagem a melhor possível. Aprendi a aceitar a necessidade que eu tinha de que os outros me ajudassem. Deus também me ensinou a depender dEle mais profundamente, guiando esta viagem ministerial tão inesperada ao Brasil. Meus planos mudaram várias vezes, e eu raramente sabia o que o dia seguinte me reservaria. Mas de alguma forma Deus sempre trouxe algo incrível ou vivificante para fazer. Além disso, quando eu estava pregando nas várias igrejas que me convidavam, nunca recebi um tópico ou passagem bíblica para falar, eles sempre me diziam: “Compartilhe o que Deus colocar em seu coração”. Alguns de vocês podem amar essa sensação de liberdade, mas para mim, eu realmente odeio isso! Há tantas coisas potencialmente inúteis ou inoportunas para falar nessas diferentes igrejas e aos membros delas. Tudo o que eu podia fazer era orar e pedir a Deus que me desse uma mensagem e falasse através de mim em todas as igrejas em que preguei. E com certeza, Deus me surpreendeu quando acabei tendo pastores, líderes e membros vindo até mim depois de cada mensagem para dizer o quão proféticas as palavras que eu dei foram para suas igrejas ou suas vidas pessoais. Eu nunca havia sido usado por Deus daquela maneira, e isso acabou acontecendo em quase todas as igrejas em que preguei! Espero que você saiba que Deus pode realmente usar qualquer pessoa já que Ele me usou de maneira tão profética. Eu já havia pregado algumas vezes durante esses anos, mas nunca tinha experimentado algo assim antes.

Deus trabalhou tão ativamente em minha vida durante meu tempo no Brasil. Recebi a mesma palavra profética sobre meu futuro ministério e orientações de trabalho 8 vezes de diferentes pessoas em diferentes cidades. Começou a ficar cômico, pois cada uma dessas pessoas se aproximava de mim com humildade e mansidão, oferecendo uma palavra que não tinha certeza se era de Deus ou não. Com prazer eu respondia: "Sim, não se preocupe, você está ouvindo de Deus porque você é a (4ª, 5ª, 6ª, etc.) pessoa a profetizar isso!" Eu estava cheio, abençoado e profundamente encorajado em todos os lugares que Deus me levava. Ele derramou abundantemente e me deu tudo que eu precisava e muito mais!

A maior parte desta viagem não foi planejada, mas ficou claro que Deus tinha planos muito específicos e bonitos para que eu pudesse experimentar e viver com Ele quando me enviou para aquele grande país. As experiências milagrosas e sobrenaturais que vivenciei lá ajudaram a mudar a direção do meu futuro, me encheram espiritualmente e me equiparam com novas habilidades para abençoar o meu chamado ministerial e no mundo dos negócios. Mas esse é o tipo de coisa que devemos esperar quando seguimos a Jesus por fé e obediência! Ele faz *"muito mais abundantemente além daquilo que pedimos ou pensamos"* (Efésios 3:20).

Tudo isso para dizer que, nesta fase da minha vida, as coisas estão parecendo diferentes do que eu imaginava. Não sei o que o futuro reserva, não sei se vou conseguir fazer todas as coisas que desejo ou sonho. Mas tudo bem com isso! Porque nossas vidas não consistem na abundância do que temos, ou se conseguimos realizar nossos desejos pessoais. Não, a verdadeira vida consiste na abundância de quem Deus é e em sua presença preenchendo todas as áreas das nossas vidas. Os mandamentos mais importantes que Deus já deu foram: *"Amarás, pois, ao Senhor teu Deus de todo o teu coração, de toda a tua alma, de todo o teu entendimento e de todas as tuas forças,"* e o segundo é este: *"Amarás ao teu próximo como a ti mesmo"* (Marcos 12:30-31). A vida mais verdadeira e grandiosa é experimentada quando vivemos em obediência a Jesus e dispostos a entregar tudo que Ele pedir.

Espero e oro para que você veja isso em minha vida. Que as maiores coisas que aconteceram são um resultado direto da obra de Deus em mim e na instrução que recebi dEle em como viver em obediência à verdade, à sua palavra e na orientação e direção sobrenatural do Espírito Santo. Em um momento da minha vida eu não tive nada disso, mas louvo a Deus que Ele teve misericórdia de mim, um pecador, e escolheu se revelar a mim e me salvar aos 18 anos. Desde então, Ele tem me guiado em uma vida sobrenatural e eterna da qual não consigo me imaginar sem.

Capítulo 16:

Sua Vida Com Deus

Como você já deve ter percebido, seguir Jesus não tem sido apenas um mar de rosas para mim. Através dessa escolha fui capaz de viver alguns dos momentos mais emocionantes, brilhantes e inspiradores da minha vida, mas também experimentei algumas das dores mais profundas, além de momentos de confusão e sofrimento. Apesar disso tudo, seguir a Jesus é a maior e a melhor aventura que eu poderia experimentar. É uma jornada onde o sobrenatural se torna cada vez mais natural.

Seguir a Cristo nos leva das limitações do mundo natural para uma vida com oportunidades sem limites e com a esperança de vida Eterna com Deus. É um caminho que deve ser compartilhado com os outros para que TODAS as pessoas tenham chance de encontrar e seguir a Jesus, e possam assim ser capazes de experimentar a vida abundante que sempre fomos destinados a viver. Esta é a nossa missão, este é o nosso mandamento como seguidores de Cristo.

Tudo o que Jesus nos pede é que sejamos fiéis e obedientes a Ele. Para viver como Ele nos diz para viver, e ir para onde Ele nos levar. E enquanto eu faço isso, eu me pergunto para onde Deus vai me levar a seguir? Eu me pergunto onde ele irá levá-lo enquanto você confia sua vida nas mãos dEle? Também me pergunto como será o mundo antes de morrermos, à medida que mais e mais pessoas começarem a seguir Jesus e experimentarem o que significa viver a vida sobrenatural. Não sei vocês, mas eu estou ansioso! Estou totalmente empenhado na missão de Jesus e cheio de esperança no futuro brilhante que Deus promete àqueles que o seguem fielmente.

Se você quiser conversar comigo a qualquer momento, seja para encorajamento, perguntas ou apenas para dizer oi, não hesite em entrar em contato comigo através do meu instagram: @jordanchanin ou me envie um e-mail para jcjordanchanin@gmail. com. Muito amor e vamos continuar esta jornada de seguir Jesus juntos!

Epilogo:

Outros Encontros Sobrenaturais

Tive o privilégio de compartilhar nesse livro sobre o início da minha vida, a sensação de vazio de uma vida sem Cristo, o encontro que mudou a minha história e alguns altos, baixos e surpresas da vida sobrenatural com Deus. Achei que seria divertido terminar com algumas anedotas aleatórias, que não se encaixavam perfeitamente no arco narrativo maior que compartilhei até agora, mas que são experiências que demonstram a grande obra sobrenatural que Deus fez ao meu redor e através da minha vida. Espero que esses últimos exemplos daquilo que Deus tem feito sejam divertidos, encorajadores e consoladores, para que você possa ler e descobrir mais sobre o quão ativo Deus é em todas as áreas das nossas vidas!

Renovando Minha Mente

Um dia, durante os meus vinte e poucos anos, eu estava assistindo a um reality show chamado Maury, que por acaso foi deixado ligado na nossa televisão. É basicamente lixo, como Jerry Springer, o tipo de show em que pessoas com problemas significativos são trazidas ao palco e exploradas para o entretenimento dos espectadores. O tipo de programa que as pessoas assistem para que possam ridicularizar os outros e não se sentir tão mal com os problemas das suas próprias vidas. Aparentemente, o tipo de programa que me distraía facilmente, mesmo eu não concordando com aquele conteúdo. Enquanto eu assistia a esse programa, uma mulher foi trazida ao palco e foi dito que ela estava sendo acusada de assassinar um de seus familiares. Durante o tempo em que eu a observava falando, vi que ela tinha um olhar maligno em seu rosto. Notei-me começando a menosprezar esta mulher. Eu a via como um monstro sem moral e comecei a sentir uma sensação de superioridade em meu coração. Eu me via como uma pessoa boa que merecia coisas boas, e ela como uma pessoa má que merecia coisas ruins.

Em uma fração de segundo, tive uma experiência que só posso descrever como sobrenatural, na qual as seguintes palavras me vieram à mente "Jordan, eu amo essa mulher. Eu morri por ela tanto quanto morri por você." Enquanto essas palavras eram ditas em minha mente, senti uma espécie de luz passar por mim e transformar a maneira como eu olhava para essa mulher. Era como quando uma cortina é levantada em um quarto escuro e a luz inunda os lugares que estavam escuros, expondo o conteúdo do quarto. Assim foi com meu coração, a luz de Deus mostrando quão orgulhosos e prejudiciais eram meus pensamentos em relação a essa mulher e, por extensão, todas as outras pessoas que eu julguei tão pretensiosamente no passado. De repente eu vi essa mulher em uma ótica completamente diferente. Em vez de parecer um monstro sem nenhuma moral, eu agora a via como uma bela humana que era perfeitamente amada por Deus e alguém que merecia conhecer Jesus e viver para a eternidade, independentemente do que ela tivesse feito. Eu não tinha ideia do que aconteceu, tudo que eu sabia é que era lindo, e que foi capaz de me fazer olhar para as pessoas de forma um pouco diferente depois daquele dia. Orei por essa mulher, desliguei Maury e me comprometi a tentar olhar para as pessoas através das lentes do amor perfeito de Deus, ao invés dos meus próprios julgamentos.

Conversas Conduzidas pelo Espírito

Houve uma época durante os meus vinte e poucos anos em que me tornei cada vez mais consciente do meu problema com a fofoca, e em como isso é muito mais prejudicial do que normalmente percebemos. Eu nunca me vi como um fofoqueiro antes, mas à medida que minha fé crescia e eu superava outras questões, minha propensão à fofoca começou a se revelar. Passei algum tempo pedindo a Deus perdão por isso e a sua ajuda para me tornar mais consciente e para desenvolver em mim a capacidade de evitar fofocas e ser capaz de ajudar outras pessoas que estavam presas nesse pecado. Um dia, eu estava levando alguns amigos da igreja para casa e eles começaram a falar sobre um casal que conheciam. Uma das pessoas no meu carro estava compartilhando sobre alguns dos problemas que esse casal tinha e em como o relacionamento deles era confuso. Eu não conhecia bem a pessoa que estava fofocando sobre o casal, e senti que não seria bom para mim chamar a atenção deles e pedir para que parassem de fofocar. Eu não queria ser legalista ou negativo, mas senti fortemente que essa fofoca precisava acabar. Como a pessoa continuou falando sobre esse casal, comecei a orar. Eu disse "Deus, você poderia, por favor, parar com essa fofoca?! Eu quero fazer algo sobre isso, mas acho que não posso. Então, por favor, mostre a essa pessoa que o que eles estão fazendo é errado, ou me dê uma chance de falar sobre isto!" Eu orei algumas vezes pelos próximos minutos, enquanto eles continuavam fofocando. Fiquei desanimado, mas senti que a melhor coisa a fazer naquela situação era orar e continuar buscando em Deus sabedoria para lidar com aquilo.

Depois de orar silenciosamente por cerca de 5 minutos, enquanto ouvia as pessoas fofocando e esperando que a situação terminasse, a pessoa de repente parou de falar e, do nada, disse: "Jordan, estou curioso para saber o que você pensa sobre esta situação".

O que??

Essa pessoa mal me conhecia e conhecia muito bem as outras pessoas no carro que eram inclusive amigos em comum do casal sobre o qual ela estava falando. Fiquei perplexo, mas então percebi que Deus estava me dando a oportunidade de me pronunciar sobre essa situação e minha espera valeu a pena. Eu estava sendo convidado a falar em vez de forçar meu caminho para a conversa. Os caminhos de Deus são muito melhores!

Deus também graciosamente me deu as palavras para falar de uma maneira que não fosse de confronto ou condenação, mas também que fosse clara sobre os danos que a fofoca causa e como precisamos ter cuidado com o que compartilhamos. Inicialmente, essa pessoa ficou na defensiva e começou a justificar o que estava dizendo, seu raciocínio era que precisava desabafar sobre uma situação preocupante na vida de um amigo próximo. Eu entendi o lado dela, no entanto, era um caso claro de fofoca e precisava ser abordado. Depois que eu consegui compartilhar mais algumas palavras que foram mais graciosas do que eu normalmente diria (claramente Deus estava me dando as palavras certas para dizer!), essa pessoa concordou que eles estavam fofocando e parou de tentar se defender. Eles reconheceram que precisavam parar de viver dessa maneira e até pediram para se encontrar comigo em algum momento para falar sobre como eles poderiam crescer nessa área! Que bela maneira que Deus resolveu essa situação.

Cura Inesperada

Uma área da minha fé sobre a qual nem sempre soube o que fazer é a cura. Tenho orado para que centenas de pessoas sejam curadas em minha curta jornada de fé, e muito raramente vi isso acontecer. Dito isto, não perco a esperança e acredito que Deus ainda cura, então continuo orando por isso e confiando nEle.

Houve um dia, quando estava trabalhando na igreja, em que um homem entrou na sala de oração porque estava com uma crise muito forte de enxaqueca. Eu estava particularmente cansado naquele momento, e o amigo com quem eu estava orando saiu da sala, deixando-me sozinho com este homem. Ele tinha um saco de gelo na cabeça e parecia estar em condições miseráveis. Perguntei como ele estava e ele me pediu para desligar as luzes e ficar em silêncio porque tudo doía. Apaguei as luzes e já estava indo embora quando senti Deus dizer "Vá orar por ele". Eu não queria, porque estava cansado e raramente via pessoas sendo curadas. Mas por obediência, fui orar por ele. Logo antes de começar, senti Deus dizer: "Vá e chame outro pastor ou presbítero para orar com você e unja este homem com óleo". Perguntei-lhe se ele concordava que eu chamasse outro pastor ou presbítero para orar comigo e ele concordou. Então eu saí da sala para pegar um pouco de óleo e comecei a duvidar que algum pastor ou presbítero orasse comigo porque eram 19:00 em um dia de semana, uma hora em que geralmente ninguém está na igreja!

Enquanto eu estava andando pelo corredor para o meu escritório, olhei para outro corredor e por acaso, vi um dos presbíteros da igreja saindo de uma sala de aula. Isso foi muito louco porque eu nunca tinha visto esse presbítero na igreja antes, apenas em nossas reuniões mensais de liderança! Eu estava animado e perguntei se ele poderia vir comigo e orar por este homem que precisava de cura. Ele estava ocupado em uma reunião, mas concordou em vir e orar.

Entramos na sala e começamos a orar pelo homem. Ele sofria de crises de enxaquecas a quase duas décadas e disse que esta estava em no ponto no qual a medicação não ajudava mais e a crise provavelmente duraria de 24 a 72 horas. O presbítero e eu colocamos um pouco de óleo em sua testa e nos revezamos orando pelos próximos 5-10 minutos. De repente, o homem sentou-se e disse: "Pessoal, estou curado!"

Espere, o quê?

Isso quase nunca acontece!

"Como você está se sentindo?" Eu perguntei a ele. "Minha dor de cabeça passou, posso ver novamente, meu nariz não está mais escorrendo, minha febre desapareceu e me sinto 100% saudável!" Nós ficamos maravilhados. Oramos juntos e louvamos a Deus pelo que Ele havia feito na vida desse homem. Depois disso, ele compartilhou conosco que teve crises de enxaqueca por 17 anos, e esta foi a primeira vez que alguém orou por suas crises, e ele não esperava que Deus o curasse. Sentimo-nos muito honrados por podermos ser as pessoas que oraram por ele nesta situação. Desejei que outros seguidores de Jesus tivessem tido tempo para orar por ele em algum momento nos últimos 17 anos!

Ele me mandou várias mensagens naquela noite, compartilhando comigo o quão profundamente encorajado ele estava com o que Deus havia feito, e como experimentar a cura de Deus tornou sua fé muito mais forte. Eu não experimentei orar e pessoas serem curadas muitas vezes, mas quando você tem a oportunidade de orar para que alguém seja curado, sempre vale a pena. Você nunca sabe quando Deus está prestes a fazer algo milagroso que Ele quer que você faça parte!

A Chave Do Carro

Durante um período da minha vida em que eu estava realmente lutando para confiar em Deus com o futuro e grandes desejos que eu tinha como trabalho, educação e relacionamentos, acordei uma manhã em um dia de folga e decidi que iria correr para limpar minha cabeça. Comecei a orar sobre onde correr (algo que eu nunca faço, quero dizer, quem ora por algo assim?) Eu costumo correr ao redor do mesmo lago, mas naquele dia eu decidi embarcar com Deus em uma nova aventura porque senti que Ele queria me mostrar algo legal.

Ao chegar no estacionamento da trilha em que iria correr, olhei em volta e vi que o lugar era absolutamente lindo! Fiquei grato por estar lá e comecei minha corrida de 15 km. Fiquei muito feliz por estar na natureza e me senti tão energizado pelo céu azul, árvores, montanhas e esse novo lago ao redor do qual eu estava correndo. Eu estava correndo rapidamente e passei por um punhado de pessoas no caminho estreito nos primeiros quatro quilômetros. O caminho tinha belas plantas verdes ao seu redor, passava por riachos e pequenas pontes, tinha muitas curvas fechadas e algumas árvores grandes com raízes saindo do chão que você precisava pular, e era esculpido em uma encosta bastante íngreme que descia para o lago. Você definitivamente não gostaria de cair em um caminho como este!

Quando eu estava no quinto quilometro da corrida, fui verificar meu telefone para ver quanta distância eu havia percorrido e qual era meu ganho de elevação. Enquanto eu verificava meu telefone e o guardava, eu também rapidamente bati no meu bolso para ter certeza de que a chave do meu carro ainda estava lá. Apalpei meu bolso e não encontrei minha chave. "Isso é estranho", pensei, "eu tinha certeza de que coloquei no meu bolso direito". Então, dei um tapinha no bolso esquerdo enquanto ainda corria e senti que também não estava lá. "Hum", pensei, "Talvez eu tenha colocado no meu bolso com zíper junto com meu celular." Então abri meu bolso com zíper, tirei meu celular e senti que não havia chave ali também. Meu rosto ficou vermelho. Parei de correr, vasculhei todos os meus bolsos cuidadosamente e percebi que havia perdido a chave do carro. Eu congelei.

Aqui estou eu, em uma trilha sem sinal de celular, em uma área que não conheço, e não posso nem sair daqui. Rapidamente passei de assustado a irritado. "Como minha chave pode cair do meu bolso??" Eu pensei. "Eu corri com minha chave no bolso tantas vezes ao redor do lago que costumo correr e nunca tive um problema!!" Percebi que essa trilha era muito mais instável, com subidas íngremes, pedras, raízes e riachos para pular, então deve ter caído do meu bolso enquanto corria pelo terreno mais traiçoeiro. Quando comecei a refazer meus passos, meu coração afundou porque vi o quão estreito era o caminho e eu já tinha corrido mais de cinco quilômetros. As chances de eu encontrar minha chave em um terreno como esse eram muito baixas. Se tivesse caído do caminho estreito, estaria perdida em uma das milhares de árvores ou arbustos que ladeavam o caminho e seria impossível encontrá-la.

Comecei a orar: "Deus, estou chateado agora". Uma ótima maneira de começar uma oração, sem dúvida. "Por que o Senhor permitiu que isso acontecesse?? Eu vim aqui para correr, esperando que o Senhor me mostrasse algo legal, e agora eu perdi a chave do meu carro e estou preso aqui, não posso nem chamar ninguém para vir me buscar, e essas chaves fob são tão caras!" Eu estava ficando mais agitado enquanto orava. "Deus, não há como eu encontrar esta chave a menos que o Senhor a revele para mim neste caminho. Por favor, Deus", implorei, "destaque milagrosamente onde está chave está para mim, para que eu possa encontrá-la e sair em segurança!" Continuei andando, quilômetro após quilômetro, orando para que Deus me mostrasse onde estava a chave, mas não conseguia vê-la em lugar nenhum.

Comecei a passar por pessoas que eu já havia passado antes. Perguntei a cada grupo: "Você viu uma chave preta de carro da marca Honda em algum lugar?" Todos balançaram a cabeça, pediram desculpas e me desejaram sorte. Depois que cada grupo disse não, meu coração ficou cada vez mais triste e percebi que provavelmente estava perdido. Mas enquanto eu continuava orando, minha esperança não evaporou completamente e eu tive essa sensação estranha de que Deus recuperaria minha chave. Era um tipo de fé infantil.

Enquanto eu estava andando em uma longa ponte suspensa sobre o lago, que balançava muito quando você atravessava, eu pensei "Eu realmente espero que não tenha caído aqui ou então eu definitivamente não vou encontrá-la".

Quando comecei a atravessar a ponte, havia um casal mais velho do outro lado por quem eu havia passado no início da minha corrida. A mulher ficou ali com as mãos nos quadris, ela parecia chateada. Achei que ela não estava feliz porque essa era uma trilha de mão única (devido ao COVID-19) e eu estava claramente quebrando as regras.

Enquanto eu caminhava até ela, esperando que ela me castigasse por andar na direção errada, eu a ouvi dizer: "Desculpe-me, mas acho que você me deve um café!" Eu estava confuso, mas meus ouvidos se animaram "Ela poderia ter encontrado minha chave?" pensei, animado. O marido dela abriu a mochila e tirou a chave do meu carro!

O que?

"Como você achou isso??" Eu perguntei. "Você estava passando por nós tão rápido" ela disse, "quando você estava passando por nós na curva apertada, vimos algo brilhante sair voando do seu bolso para fora da trilha. Nós olhamos para baixo e vimos que era sua chave, e começamos a gritar você, mas você não podia nos ouvir porque seus fones estavam nos seus ouvidos."

Este foi um momento incrível. Eles tiveram talvez meio segundo para ver tudo isso acontecer enquanto eu corria para longe deles em uma curva apertada cercando por árvores, arbustos e rochas em uma encosta íngreme. Se minha chave tivesse caído do meu bolso um segundo antes, ou um segundo depois, eles não a teriam visto, e ela estaria perdida para sempre naquela trilha.

Fiquei pasmo. Perguntei se poderia levá-los para um café, eles recusaram respeitosamente, mas me disseram para guardar minha chave em um lugar mais seguro e me desejaram um bom dia.

Enquanto processava o que havia acabado de acontecer, comecei a louvar a Deus. Eu o senti dizer para mim em oração: "Jordan, eu queria mostrar a você que eu me importo com as pequenas coisas. Então, se eu me importo tanto com a chave do seu carro e garantir que você chegue em casa em segurança, então você não acha que pode confiar em mim com as grandes coisas como onde você vai trabalhar, que educação você precisa, onde você vai morar e com quem você vai se casar?" Meu coração se aqueceu naquele momento. Pedi desculpas a Deus pela rapidez com que fiquei desanimado e todo o estresse e ansiedade que eu estava carregando na época devido à minha falta de confiança nEle. Eu terminei o resto da minha corrida com um novo estado de espírito, muito animado pelo que Deus tinha feito por mim, e como Ele revelou mais uma vez o profundo cuidado que

Ele tem pela minha vida. Se eu pude ver quanto Ele se importa com as pequenas coisas como recuperar a chave do meu carro para mim, então certamente posso confiar nEle com as maiores coisas da vida que são muito mais importantes!

Sobre **Schleitheim Press**

Em 1527, em uma pequena cidade suíça perto da fronteira com a Alemanha, Michael Sattler e um grupo de crentes se reuniram para escrever a Confissão de Schleitheim, a primeira declaração de fé registrada no que se tornaria o movimento anabatista. Muitos dos que assinaram o artigo foram martirizados nos dias e meses que se seguiram. Deste grupo sincero e apaixonado veio uma rica tradição cristã que tem impactado igrejas de todas as denominações ao redor do mundo. Buscamos continuar o legado hoje e centrar nosso trabalho em torno de três valores fundamentais.

Valor Fundamental Anabatista nº 1 - Aplicável

Em primeiro lugar, prometemos a você que todos os livros que produzirmos serão aplicáveis. Os livros que publicamos não vão simplesmente apresentar a vocês conceitos ou ideias teológicas, distantes da realidade da vida cotidiana. Em vez disso, eles serão um testemunho escrito. Da bondade de Deus ao longo da vida, ao longo das gerações e ao longo de incontáveis anos. Deus era bom, é bom e será bom para nós para todo o sempre.

Valor Fundamental Anabatista nº 2 – Acessível

O movimento anabatista surgiu do desejo de colocar a palavra de Deus nas mãos de leigos, e o segundo valor que a Schleitheim Press representa é a acessibilidade. Nosso foco principal está em você, os leitores, não no lucro. Somos apaixonados pelo que publicamos – queremos que as pessoas possam ler nossos livros e não queremos que as finanças sejam uma barreira ao acesso.

Valor Fundamental Anabatista nº 3 – Afetando

Finalmente, queremos que nossos livros impulsionem ações e mudanças positivas no mundo. Como anabatistas, olhamos além de nós mesmos e da comunidade mais ampla. Para nós, isso significa que mais do que simplesmente impactar o leitor, também queremos afetar a comunidade e o mundo em que vivemos.

Saiba mais em ***SchleitheimPress.com***

www.ingramcontent.com/pod-product-compliance
Lightning Source LLC
LaVergne TN
LVHW101941220826
846093LV00006B/82

* 9 7 8 1 9 9 0 3 8 9 2 1 4 *